# ADVOCACIA

## INEXISTÊNCIA DE RELAÇÃO DE CONSUMO

GISELA GONDIN RAMOS

# ADVOCACIA

## INEXISTÊNCIA DE RELAÇÃO DE CONSUMO

2ª edição

Belo Horizonte

2012

© Gisela Gondin Ramos
2004 1ª edição OAB
2012 2ª edição Editora Fórum Ltda.

É proibida a reprodução total ou parcial desta obra, por qualquer meio eletrônico, inclusive por processos xerográficos, sem autorização expressa do Editor.

Conselho Editorial

Adilson Abreu Dallari
André Ramos Tavares
Carlos Ayres Britto
Carlos Mário da Silva Velloso
Carlos Pinto Coelho Motta (in memoriam)
Cármen Lúcia Antunes Rocha
Cesar Augusto Guimarães Pereira
Clovis Beznos
Cristiana Fortini
Dinorá Adelaide Musetti Grotti
Diogo de Figueiredo Moreira Neto
Egon Bockmann Moreira
Emerson Gabardo
Fabrício Motta
Fernando Rossi
Flávio Henrique Unes Pereira
Floriano de Azevedo Marques Neto

Gustavo Justino de Oliveira
Inês Virgínia Prado Soares
Jorge Ulisses Jacoby Fernandes
José Nilo de Castro
Juarez Freitas
Lúcia Valle Figueiredo (in memoriam)
Luciano Ferraz
Lúcio Delfino
Marcia Carla Pereira Ribeiro
Márcio Cammarosano
Maria Sylvia Zanella Di Pietro
Ney José de Freitas
Oswaldo Othon de Pontes Saraiva Filho
Paulo Modesto
Romeu Felipe Bacellar Filho
Sérgio Guerra

Luís Cláudio Rodrigues Ferreira
Presidente e Editor

Coordenação editorial: Olga M. A. Sousa
Revisão: Cristhiane Maurício
Bibliotecária: Izabel Antonina A. Miranda – CRB 2904 – 6ª Região
Indexação: Clarissa Jane de Assis Silva – CRB 2457 – 6ª Região
Capa, projeto gráfico: Walter Santos
Diagramação: Karine Rocha

Av. Afonso Pena, 2770 – 15º/16º andares – Funcionários – CEP 30130-007
Belo Horizonte – Minas Gerais – Tel.: (31) 2121.4900 / 2121.4949
www.editoraforum.com.br – editoraforum@editoraforum.com.br

---

R176a    Ramos, Gisela Gondin

Advocacia: inexistência de relação de consumo / Gisela Gondin Ramos; prefácio de Marcelo Henrique Brabo Magalhães. 2. ed. Belo Horizonte: Fórum, 2012.

112 p.
Apresentação da 1ª edição Aristóteles Atheniense
ISBN 978-85-7700-552-9

1. Direito do consumidor. 2. Advocacia. I. Magalhães, Marcelo Henrique Brabo. II. Título.

CDD: 343.071
CDU: 347.12

---

Informação bibliográfica deste livro, conforme a NBR 6023:2002 da Associação Brasileira de Normas Técnicas (ABNT):

RAMOS, Gisela Gondin. *Advocacia*: inexistência de relação de consumo. Belo Horizonte: Fórum, 2012. 112 p. ISBN 978-85-7700-552-9.

*A advocacia é o encontro de uma confiança, que se entrega a uma consciência.*

(SODRÉ. Ruy de Azevedo. *Ética profissional e estatuto da advocacia*. 4. ed. São Paulo: LTr, 1991. p. 57)

# SUMÁRIO

PREFÁCIO
**Marcelo Henrique Brabo Magalhães** ............................................. 9

APRESENTAÇÃO DA 1ª EDIÇÃO
**Aristóteles Atheniense** ................................................................. 13

CAPÍTULO 1
INTRODUÇÃO ............................................................................ 15

CAPÍTULO 2
A RELAÇÃO DE CONSUMO COMO PRESSUPOSTO
DE APLICAÇÃO DO CÓDIGO CONSUMERISTA ..................... 17

CAPÍTULO 3
A FUNÇÃO SOCIAL DO ADVOGADO – *MUNUS PUBLICO*
Inaplicabilidade do CDC às atividades de jurisdição
e auxiliares .................................................................................. 19

CAPÍTULO 4
CONFLITO DE LEIS – LEI GERAL E LEI ESPECIAL
Inaplicabilidade do CDC face à revogação tácita ....................... 27

CAPÍTULO 5
INEXISTÊNCIA DOS ELEMENTOS CARACTERIZADORES
DE UMA RELAÇÃO DE CONSUMO ......................................... 33
5.1  O fornecedor .......................................................................... 34

5.2 O consumidor ........................................................................... 41
5.3 Os serviços .................................................................................. 44

CAPÍTULO 6
INVERSÃO DO ÔNUS PROBATÓRIO
Impossibilidade ................................................................................ 49

CAPÍTULO 7
SOCIEDADE DE ADVOGADOS
Responsabilidade Objetiva. Impossibilidade ............................... 53

CAPÍTULO 8
JURISPRUDÊNCIA ......................................................................... 57
Tribunal de Justiça de Minas Gerais ............................................ 62
Tribunal de Justiça de Pernambuco .............................................. 65
Tribunal de Justiça de Goiás ......................................................... 66
Tribunal de Justiça de São Paulo ................................................... 67
Tribunal de Justiça do Distrito Federal ........................................ 69

CAPÍTULO 9
CONCLUSÕES ................................................................................. 71

ANEXO

Íntegra do Voto aprovado pelo Órgão Especial do Conselho
Federal da OAB, proferido na Consulta 0001/2004/OEP, em
8 mar. 2004 ....................................................................................... 77

ÍNDICE DE ASSUNTO ................................................................. 105

ÍNDICE DA LEGISLAÇÃO E JURISPRUDÊNCIA ................... 109

ÍNDICE ONOMÁSTICO ............................................................... 111

# PREFÁCIO

Nas últimas décadas, o Ordenamento Jurídico Brasileiro foi reforçado por leis que disciplinam temas relevantes em qualquer sociedade, a exemplo do Estatuto da Criança e do Adolescente, o Estatuto do Idoso e o Código de Defesa do Consumidor (CDC).

Analisando o CDC, no que se refere à aplicação do seu art. 14, §4º, à relação entre cliente e advogado, vê-se que, apesar de decisões haverem inicialmente admitido a submissão do advogado a este dispositivo, a jurisprudência do STJ consolidou entendimento que afasta tal incidência para fins de responsabilização dos profissionais da advocacia.

E era de se esperar que aquela Corte decidisse assim, pois qualquer exame que se baseasse em boa técnica concluiria inexistir relação de consumo nos serviços prestados por advogados, cujas atividades são regidas pela Lei nº 8.906/94.

Para fortalecer essa conclusão, os ministros do STJ declararam que, mesmo que se possa identificar na advocacia certas características de prestação de serviço, o fato de haver no ordenamento uma norma especial que a regula, desde a relação com o contratante, até a fixação dos honorários, não permite a aplicação de uma norma mais ampla.

Por outro lado, há de se reconhecer que o tratamento dado ao advogado pela Constituição, colocando-o no capítulo das funções essenciais à justiça, confere a este profissional prerrogativas de atuação distintas das atividades de consumo, a exemplo da necessidade de independência e da vedação de captação de causas ou do uso de agenciadores, conforme previsão do Estatuto da Advocacia. Além disso, a advocacia é uma atividade meio, na qual se busca o resultado mas não se pode garanti-lo ao cliente, apesar de o advogado empenhar-se ao máximo em sua tarefa.

A profissão de advogado possui feição de serviço público, e por isso não há como inverter conceitos na tentativa de forçar uma suposta submissão sua às regras do CDC, pois tal aceitação implicaria significativo empobrecimento da missão social da advocacia, tarefa que só pode ser exercida plenamente se preservada pelas garantias da Lei nº 8.906/94.

E fique claro que isso não significa que, sem o CDC, os contratantes dos advogados ficam sem instrumentos para a punição de profissionais que não honrem a profissão, pois estes serão responsabilizados por meio da Lei nº 8.906/94 e do Código de Ética e Disciplina.

E, sem dúvida alguma, ninguém melhor do que Gisela Gondin Ramos, que bem conhece o advogado e a OAB, tendo reconhecidos e relevantes serviços prestados à advocacia, para escrever sobre o presente tema, aprofundando as discussões que circundam o mesmo, expondo, de maneira concisa, objetiva, clara e definitiva que o advogado não se submete aos ditames constantes do CDC.

Certamente, este belo trabalho será uma obra de consulta obrigatória, seja pela magistratura como pela advocacia, fortalecendo, ainda mais, a posição adotada por todos que conhecem a advocacia e sabem de sua importância, função social e dimensão.

Registro, por fim, a minha grande e incomensurável satisfação de prefaciar este livro, seja por comungar integralmente com os pontos de vistas defendidos pela autora, seja por conhecer bem a Gisela Gondin Ramos, me considerando um grande amigo seu de lutas, batalhas e trabalhos desenvolvido em prol da nossa briosa e amada OAB, tendo muito aprendido com a sua convivência e ensinamentos.

**Marcelo Henrique Brabo Magalhães**

Advogado. Conselheiro federal da OAB.
Presidente Executivo da Editora OAB.

## APRESENTAÇÃO DA 1ª EDIÇÃO

Com o advento do Código de Defesa do Consumidor, admitindo a responsabilidade do profissional liberal em caso de culpa, tornaram-se conhecidas decisões enquadrando o advogado no art. 14, §4º, daquele diploma como se este profissional não estivesse regido por Estatuto próprio (Lei nº 8.906/94), que é posterior àquele Código (Lei nº 8.078/90).

O estudo elaborado pela ilustre advogada Gisela Gondin Ramos, enfrentando o tema, despertou-me a atenção, pelas considerações oportunas e eruditas com que repeliu a possibilidade da aplicação do CDC nas relações advogado-cliente.

Assim que tomei conhecimento de suas pertinentes colocações, sugeri ao presidente nacional da OAB, Roberto Busato, que não só promovesse a publicação daquele trabalho, como lhe conferisse a mais ampla divulgação.

Com isso, os nossos colegas poderiam se inteirar dos motivos que levaram a ilustre Conselheira Federal a assumir a posição de resistência à aplicação da Lei nº 8.078/90, com abstração do que estabelece o Estatuto da Advocacia.

Desde que se considere a atuação do advogado como serviço público relevante, não haverá condições de se aplicar o CDC, com a consequente inversão do ônus da prova, sob pena de seu desempenho ficar descaracterizado, perdendo o seu elevado significado social e as garantias que o Estatuto lhe reservou.

Daí a importância deste estudo que, seguramente, haverá de receber da comunidade jurídica merecida acolhida e justos encômios.

A Ordem dos Advogados do Brasil está certa de que, com esta publicação, haverá de contribuir para que este precioso trabalho possa ser útil a todos os advogados, que se vejam em situação de risco no exercício da atividade nobilitante que a Constituição Federal (art. 133) lhes reconheceu.

Brasília (DF), 3 de junho de 2004.

**Aristóteles Atheniense**

Vice-Presidente do Conselho Federal da OAB.

CAPÍTULO 1

# INTRODUÇÃO

O presente trabalho surgiu de uma consulta apreciada em 2004, pelo Conselho Federal da Ordem dos Advogados do Brasil, originada no Conselho Seccional da OAB São Paulo, acerca de aspectos destacados da responsabilidade civil do advogado em sua relação com o cliente, em face das disposições contidas na Lei nº 8.078/90, conhecida como Código de Defesa do Consumidor (CDC).

Referida consulta questionou, de forma ampla, a incidência ou não do regramento especial na prestação de serviços advocatícios, destacando, particularmente, duas situações amplamente debatidas na doutrina e na jurisprudência, com posicionamentos variáveis, cuja controvérsia se mantêm até hoje, e ainda não foram uniformizadas pelo Superior Tribunal de Justiça (STJ), quais sejam: a) Incidência da norma contida no art. 6º, inc. VIII do Código de Defesa do Consumidor, pertinente à inversão do ônus da prova, em ação de responsabilidade civil movida contra advogado; e, b) A imputação da responsabilidade objetiva quando se trate de sociedade de advogados.

Conforme aduzimos já nas primeiras linhas do voto proferido naquela oportunidade, a questão provocada na Consulta, exatamente por suscitar o debate acerca dos limites da responsabilidade civil do advogado, e a forma pela qual esta pode lhe ser exigida, insere-se no conceito de prerrogativa profissional, seja em seu sentido específico, de imunidade estabelecida em razão do ofício que desempenha, seja em seu conceito genérico, de direito atribuído em caráter de exclusividade ao profissional do Direito devidamente inscrito na Ordem dos Advogados do Brasil.

Destarte, a matéria atraiu a atenção do Conselho Federal posto que o tema apreciado, por guardar pertinência com a responsabilidade civil do advogado, disciplinada pelo art. 32 do Estatuto da Advocacia (Lei nº 8.906/94), possui inegável repercussão em caráter nacional, e se apresenta com indiscutível relevância para os advogados. Em razão disso, procedemos a uma completa revisão e atualização do trabalho original, lançado em 2004.

CAPÍTULO 2

# A RELAÇÃO DE CONSUMO COMO PRESSUPOSTO DE APLICAÇÃO DO CÓDIGO CONSUMERISTA

Tratando-se da aplicação da Lei nº 8.078/90 a certas relações jurídicas, encontramos, em meio aos inúmeros debates travados tanto na doutrina nacional, quanto nos posicionamentos jurisdicionais, uma regra comum e pacífica, qual seja, a aplicação do Código de Defesa do Consumidor tem como *pressuposto* a existência de uma *relação de consumo*.

Na obra *Responsabilidade civil nas relações de consumo*, Roberto Senise Lisboa diz, textualmente: "Pouco importa qual é o tipo contratual adotado pelas partes. A legislação de defesa do consumidor se aplica por causa da existência da relação de consumo, e não graças à espécie de negócio jurídico celebrado".[1] À mesma conclusão chegou o Supremo

---

[1] LISBOA, Roberto Senise. *Responsabilidade civil nas relações de consumo*. São Paulo: Revista dos Tribunais, 2001. p. 125.

Tribunal Federal, ao apreciar a legitimidade do Ministério Público para propor ação civil pública em face de direitos individuais homogêneos quando os seus titulares se encontram na condição de consumidores. No julgamento do Agravo Regimental no Recurso Extraordinário nº 424.048-3/SC, da relatoria do Min. Sepúlveda Pertence, consta registrado na ementa ser "indiferente a espécie de contrato firmado, bastando que seja uma relação de consumo".[2]

Em outras palavras, o Código do Consumidor instituiu, como afirmam os chamados consumeristas, um *microssistema jurídico* com uma conjugação de princípios próprios que, embora capazes de afastar a incidência de determinadas regras do sistema ordinário, quando incompatíveis com a proteção que o Estado instituiu aos interesses econômicos dos consumidores, só estão autorizados a fazê-lo quando existente uma relação de consumo.

Portanto, o cerne da questão é se o vínculo jurídico estabelecido entre o advogado e seu cliente reúne todos os elementos necessários para fins de ser definido, seguramente, como uma relação jurídica de consumo.

Conforme se demonstrará na sequência, temos a irremovível convicção de que entre advogado e cliente não se estabelece uma relação jurídica de consumo, seja porque a advocacia constitui um *munus publico*, disciplinada por lei especial, seja porque, em última análise, não encontramos nela os elementos subjetivos e objetivos capazes de inseri-la no chamado mercado de consumo.

---

[2]   Unânime, Primeira Turma, j. em 25/10/2005. No mesmo sentido o julgamento do AI-491.195-AgR/SC, *DJ*, 7 maio 2004.

CAPÍTULO 3

# A FUNÇÃO SOCIAL DO ADVOGADO – *MUNUS PUBLICO*

## INAPLICABILIDADE DO CDC ÀS ATIVIDADES DE JURISDIÇÃO E AUXILIARES

*O Advogado — ao cumprir o dever de prestar assistência técnica àquele que o constituiu, dispensando-lhe orientação jurídica perante qualquer órgão do estado — converte a sua atividade profissional, quando exercida com independência e sem indevidas restrições, em prática inestimável de liberdade. Qualquer que seja o espaço institucional de sua atuação, ao Advogado incumbe neutralizar os abusos, fazer cessar o arbítrio, exigir respeito ao ordenamento jurídico e velar pela integridade das garantias jurídicas — legais ou constitucionais — outorgadas àquele que lhe confiou a proteção de sua liberdade e de seus direitos, dentre os quais avultam, por sua inquestionável importância, a prerrogativa contra a auto-incriminação e o direito de não ser tratado pelas autoridades públicas, como se culpado fosse, observando-se, desse modo, diretriz consagrada na jurisprudência do Supremo Tribunal Federal.*

(Min. Celso de Mello)[3]

A atividade advocatícia encontra disciplina própria na Lei nº 8.906/94, em cujas disposições se concentram os direitos e deveres do profissional, definindo, ademais, no seu art. 32, o cabimento e os limites de sua responsabilidade sempre que violar as regras de conduta prévia e explicitamente definidas.

E não são poucos os preceitos que limitam a atuação profissional do advogado, valendo lembrar que a sua responsabilidade na relação com o cliente, além de amplamente regulada no Estatuto (Lei nº 8.906/94), encontra-se, também, no Regulamento Geral, e mais especificamente no Código de Ética e Disciplina, todos lhe impondo uma série de regras a serem obedecidas, e das quais não lhe é permitido se afastar.

Isso porque o exercício da advocacia transcende a mera satisfação de um interesse privado do cliente, para

---

[3] Em despacho no Pedido de Reconsideração formulado no Mandado de Segurança nº 23.576/DF, publicado no *DJ*, 3 fev. 2000.

abraçar a efetiva realização da justiça, de forma que, o advogado, embora agindo em nome da parte, atua no interesse de toda a sociedade.

Tal condição, aliás, é que determinou a referência que lhe faz a Constituição Federal, cujo art. 133 o qualifica como um profissional "indispensável à administração da justiça", no âmbito da qual não se travam relações de consumo.[4]

Com efeito, a impossibilidade de incidência das regras consumeristas na prestação de serviços advocatícios destaca-se ainda mais claramente ao analisarmos a função desempenhada pelo profissional, sem desviarmo-nos da verdadeira natureza da advocacia — que parece estar se tornando uma tendência nos dias de hoje —, e de molde a não ignorar um dos elementos básicos e fundamentais de

---

[4] REsp nº 213.799/SP, rel. Min. Sálvio de Figueiredo Teixeira, *DJ*, 29 set. 2003, assim ementado, *verbis*:
"*DIREITO DO CONSUMIDOR. PERITO. AUXILIAR DO JUÍZO.* ORÇAMENTO DE HONORÁRIOS. ART. 40, CDC. NÃO-APLICAÇÃO DO CÓDIGO DE DEFESA DO CONSUMIDOR. PRESTAÇÃO JURISDICIONAL. *INEXISTÊNCIA DE RELAÇÃO DE CONSUMO.* PODER DO ESTADO. (...)
I – *A atividade do perito nos processos judiciais encontra disciplina específica, na qualidade de auxiliar do juízo, nos arts. 139, 145 a 147, 420 a 439, CPC, em cujas disposições se concentram os direitos e deveres do profissional nomeado pelo juiz e os procedimentos de realização da prova pericial.*
II – *A figura do perito mostra-se inerente à prestação jurisdicional, no âmbito da qual não se travam relações de consumo.*
III – *A jurisdição não se inclui no mercado de consumo, já que não integra a sucessão de etapas ligadas aos bens, desde sua produção até a utilização final. Pondose de outro lado, situa-se a jurisdição entre os serviços públicos próprios do Estado, vale dizer, indelegáveis, inerentes à supremacia do interesse comum e à soberania.*
IV – *Diferentemente, o consumo faz parte das relações econômicas, é conceito da Economia protegido pelo Direito, que resguarda os interesses da coletividade ao assumir a acentuada presença da figura do consumidor, bem como sua posição hipossuficiente, na sociedade industrial. (...)*"

sua configuração, qual seja a essencialidade na realização da justiça, que traduz a função social desempenhada pelo advogado.

Ora, partindo da Constituição Federal e passando pelas regras estabelecidas no ordenamento jurídico processual, temos que a jurisdição, como atividade estatal de realização do Direito objetivo e pacificação social, não se realiza sem a presença do advogado.

E, para quem pretenda discutir a participação do advogado como um dos protagonistas da função jurisdicional do Estado, vale lembrar a tricotomia proclamada por Cintra, Grinover e Dinamarco, na conceituada obra *Teoria Geral do Processo*, de que "a jurisdição é, ao mesmo tempo, poder, função e atividade, e estas somente transparecem legitimamente através do processo devidamente estruturado (devido processo legal)".[5]

Explicam, ainda, os mencionados autores que, através da jurisdição, trata-se de garantir que o ordenamento jurídico seja preservado em sua autoridade e a paz e ordem na sociedade favorecidas pela imposição da vontade do Estado, de forma que "o mais elevado interesse que se satisfaz através do exercício da jurisdição é, pois, o interesse da própria sociedade (ou seja, do Estado, enquanto comunidade)".[6] O mesmo interesse, diga-se, que serve de fundamento a todas as vedações e limitações impostas aos advogados para o desempenho de sua atividade profissional.

---

[5] CINTRA, Antonio Carlos de Araújo; GRINOVER, Ada Pellegrine; DINAMARCO, Candido R. *Teoria geral do processo*. 10. ed. São Paulo: Malheiros, 1994. p. 125.

[6] *Idem*, p. 127.

Destaque-se, ainda, que outras características da jurisdição são: a existência de uma lide e a inércia. E ambas reclamam a presença do advogado, que, conforme ensina José Afonso da Silva, é seu "elemento técnico propulsor".[7]

O advogado é, portanto, essencial ao pleno desenvolvimento dessa atividade estatal que, ninguém questiona, pelo menos até agora, desenvolve-se ao largo do chamado mercado de consumo. De fato, não conseguimos vislumbrar os cidadãos brasileiros reclamando, com fundamento na norma consumerista, dos serviços prestados pelos magistrados, oficiais de justiça, serventuários, peritos, membros do Ministério Público etc. E, todos sabemos, teriam muito a reclamar.

Ocorre que todos esses profissionais, muito embora atuando com o objetivo de atender às necessidades do cidadão, que procura por justiça, fazem-no não como homens de negócio, mas como homens do Direito. Não visam o lucro, embora todos sejam devidamente remunerados pelo serviço que prestam. Não oferecem seus serviços no mercado de consumo (caracterizado este pelo domínio do crédito e do marketing, como instrumentos básicos para a produção e circulação de bens e serviços),[8] embora todos

---

[7] SILVA, José Afonso da. *Curso de direito constitucional positivo*. Revista dos Tribunais, 1990. p. 504.

[8] Sobre este assunto, assim se manifestou a 3ª Câmara Cível do Tribunal de Alçada do Estado do Paraná, em decisão que excluiu os serviços advocatícios da incidência do CDC: "*O mercado de consumo tem um significado unitário, e não abrange, evidentemente, todas as relações econômicas de troca, produção e circulação de bens e serviços. Caso contrário haveria não só uma indesejável imbricação de disciplinas legais para diferentes relações jurídicas, como se daria à legislação relativa a esse mercado uma abrangência ilimitada. Na realidade, esse*

estejam sempre à disposição para atender a todos quantos deles precisarem.

Tal circunstância, entrementes, não quer dizer que tais operadores do Direito não possam ser cobrados e devidamente responsabilizados por sua má atuação. O que ocorre é que, como e quando isso acontece, somente a lei pode dizer, e dentro dos limites que ela própria estabelece, respeitando, ademais, o sistema jurídico ordinário estabelecido.

Na verdade, a própria Constituição Federal, da mesma forma que celebra o advogado como indispensável à administração da Justiça, assegura, dentre os direitos fundamentais dos cidadãos, o direito à indenização por danos materiais e morais, que se aplica, em sua generalidade, a toda e qualquer pessoa que, violando uma regra jurídica, cause prejuízo a outrem.

Destarte, quando dizemos que o CDC não se aplica ao advogado, não se está afirmando que este profissional não pode ser cobrado em suas responsabilidades, mas apenas que a apuração dessas submete-se ao regramento próprio, no caso ao Estatuto da Advocacia (Lei nº 8.906/94).

---

mercado abarca especificamente as relações jurídicas de uso e consumo de produtos fabricados em massa, bem como serviços a eles atinentes. Assim, a lei brasileira, ao definir (art. 2º, *caput*) o consumidor — e não o consumidor e o usuário — conceitua-o como toda pessoa que adquire ou utiliza produto ou serviço, não estabelecendo, pois, uma distinção entre consumidor e usuário. E no art. 3º, §2º, subseqüente, ao definir o fornecedor, a lei limita o conceito de serviço, para efeito da proteção ao consumidor, como 'qualquer atividade fornecida ao mercado de consumo'. Como observa COMPARATO, Fábio Konder (A responsabilidade do produtor em recente anteprojeto de lei no Brasil: comparação com o direito alemão. *Revista de Direito Mercantil, Industrial, Econômico e Financeiro*, n. 63, p. 113, 1986), exclui-se, pois, da categoria de produtor, 'o prestador de serviços não materializados em coisas móveis'".

A questão, portanto, leva-nos à análise sobre o conflito de lei no tempo, o que se faz na sequência.

CAPÍTULO 4

# CONFLITO DE LEIS – LEI GERAL E LEI ESPECIAL

## INAPLICABILIDADE DO CDC FACE À REVOGAÇÃO TÁCITA

Neste sentido, estamos diante de duas leis — CDC (Lei nº 8.078/90) e EAOAB (Lei nº 4.215/63, posteriormente substituída pela Lei nº 8.906/94) —, sendo a primeira, indiscutivelmente, uma *lei geral*,[9] e a segunda, uma *lei especial*.[10] Não cremos haver divergência quanto a essa distinção,

---

[9] *Leis Gerais*: "São as leis comuns, instituídas em caráter universal ou de generalidade. São assim, as normas jurídicas que se aplicam a todas as pessoas ou a todos os casos, uniformemente, sem qualquer distinção ou exceção. Opõem-se às leis especiais" (SILVA, De Plácido e. *Vocabulário jurídico*. 15. ed. Rio de Janeiro: Forense, 1999. p. 483).

[10] *Leis Especiais*: "São leis que têm caráter restrito, pois são impostas para regular relações de certas pessoas colocadas em determinadas posições ou em razão das funções executadas. São as leis que dispõem sobre casos particulares" (*idem*).

já que o Código de Defesa do Consumidor se apresenta como uma norma de caráter universal, moldado pela generalidade; e o Estatuto da OAB regula, especificamente, a atividade desenvolvida pelo profissional da advocacia.

Sendo assim, como bem lembrado pelo advogado Valtécio Ferreira, "está estampado no artigo 2º, §2º, da Lei de Introdução ao Código Civil que a lei nova, estabelecendo disposições especiais a par das já existentes, não revoga nem modifica a lei anterior. Assim, o Código do Consumidor, na época em que entrou em vigor, não revogou nem modificou a Lei 4.215/63".[11]

A conclusão, aqui, é indiscutível, na medida em que "é princípio assente que as leis gerais não devem revogar ou derrogar preceito ou regra disposta e instituída em lei especial, desde que não façam referência a ela, ou ao seu enunciado, alterando-a explícita ou implicitamente".[12] E o CDC não faz qualquer alusão ao Estatuto da OAB (à época, a Lei nº 4.215/63).

O atual Estatuto (Lei nº 8.906/94), entretanto, por se tratar de uma *lei especial*, com vigência a partir de 1994, e, portanto, 4 (quatro) anos após o CDC, por certo que derrogou todas as disposições que, mesmo eventualmente, pretendessem alcançar a advocacia, já que traz norma explícita sobre a responsabilidade civil do advogado.

Concluindo, portanto, quanto a esse aspecto, vê-se que, também pela regra geral instituída na Lei de Introdução ao Código Civil, sobre a obrigatoriedade da lei, a

---

[11] Em parecer juntado aos autos da Consulta formulada junto ao Conselho Federal da OAB – Processo nº 0001/2004/OEP.

[12] SILVA. *Vocabulário jurídico*, p. 483.

norma consumerista, por se mostrar incompatível com o regramento estatutário, não tem eficácia no que diz respeito às relações jurídicas estabelecidas entre os advogados e seus clientes.

O Tribunal de Justiça de São Paulo manifesta-se especificamente quanto a essa questão, no julgamento da Apelação com Revisão nº 695.241-0/0, relatada pelo Des. Júlio Vidal, com a seguinte ementa:

> Contrato. Prestação de serviço. Honorários de advogado. **Inaplicabilidade do Código de Defesa do Consumidor**. Contrato de honorários advocatícios vem regulamentado pela Lei 8.906/94. **É a lei especial em consonância com a legislação civil que trata especificamente das relações a envolver prestação de serviço por parte dos profissionais habilitados perante a entidade de classe (OAB)**. Fatos que dispensam proteção da executada que sustenta a condição de consumidora.[13]

A mesma Corte, em outro processo mais recente, julgando ação de indenização por danos materiais e morais em decorrência da prestação de serviços advocatícios, afasta a incidência do Código de Defesa do Consumidor, deixando registrado no voto do relator (Des. Cesar Lacerda), que "a relação existente entre advogado e cliente é regida pela Lei 8.906/94, o Estatuto da Ordem dos Advogados do Brasil, *que é lei especial e deve prevalecer*, não sendo aplicável o Código de Defesa do Consumidor ao contrato de prestação de

---

[13] Julgado pela 28ª Câmara de Direito Privado. Decisão citada no Agravo de Instrumento nº 990.09.345442-4, julgado em 1.6.2010, rel. Des. Cesar Lacerda.

serviços advocatícios" (grifos nossos). E completa, o mesmo voto: "Ademais, trata-se de prestação de serviço pessoal, solicitado pelo próprio cliente, sem que lhe seja impingido um contrato de adesão, não restando demonstrada sua hipossuficiência, que é o que se supõe em uma relação de consumo".[14]

Cumpre rememorar, bem por isso, na linha do que vem sendo afirmado, a precisa lição de Rui Stoco, quando observou que o Código de Defesa do Consumidor, ao consagrar o princípio da responsabilidade civil objetiva, afastou de seu universo de abrangência os profissionais liberais, os quais terão sua responsabilidade pessoal apurada mediante a verificação de culpa. Diz o ilustre doutrinador que, "embora *os advogados*, assim como os demais profissionais liberais, sejam prestadores de serviços típicos, *foram colocados de fora do campo de abrangência do Código de Defesa do Consumidor, por força da regra de exceção contida no referido §4º, do art. 14* ao dispor que 'a responsabilidade pessoal dos profissionais liberais será apurada mediante a verificação de culpa'. Reiterou-se a responsabilidade por culpa desses profissionais, ou seja, a incidência da responsabilidade subjetiva a que se referiu o Código Civil de 1916 (art. 150) e se refere o Código Civil de 2002 (art. 186), ficando essa responsabilidade delimitada no âmbito do Estatuto da Advocacia, somente respondendo por dolo ou culpa. *Ora, se o princípio adotado pelo CDC é o da responsabilidade objetiva, ao estabelecer a responsabilidade subjetiva dos profissionais*

---

[14] Voto nº 12.767, registrado sob nº 03021723, AI nº 990.09.345442-4, julgado em 1.6.2010, rel. Des. Cesar Lacerda.

*liberais, afastou-os, como exceção, do seu âmbito de abrangência, reconhecendo que esses profissionais são regidos por estatuto próprio. Como ocorre com os advogados, na consideração de que a lei que estabeleça disposições gerais (CDC) não revoga a lei especial,* ou seja, a lei específica que regulamenta determinadas profissões liberais (LICC, art. 2º, §2º)".[15]

Não bastasse tudo isso, temos ainda que os próprios princípios que servem de fundamento ao Estatuto da Advocacia são frontalmente contrários àqueles nos quais inspirou-se o Código do Consumidor, o que, aliás, além de ser mais uma razão para sustentar a sua revogação, leva-nos também à demonstração da inexistência dos requisitos objetivos e subjetivos da relação de consumo, tal como nos referimos alhures, de modo a comprovar a sua inaplicabilidade aos contratos de prestação de serviços advocatícios. E, assim, passamos ao último tópico de nossa análise.

---

[15] STOCO, Rui. *Tratado de responsabilidade civil.* 6. ed. São Paulo: Revista dos Tribunais, 2004. p. 481. Trecho destacado no voto proferido pelo Des. Ferraz Felisardo, no julgamento da Apelação nº 992.05.063487-8, em 4 ago. 2010, acórdão registrado sob nº 03094016, pela 29ª Câmara de Direito Privado do Tribunal de Justiça de São Paulo, afastando a incidência do CDC na prestação de serviços advocatícios.

CAPÍTULO 5

# INEXISTÊNCIA DOS ELEMENTOS CARACTERIZADORES DE UMA RELAÇÃO DE CONSUMO

O Código de Defesa do Consumidor não traz uma definição expressa do que seja *relação de consumo*, de forma que a sua caracterização há de ser averiguada em cada caso particular pela constatação da presença de seus elementos subjetivos e objetivos, estes sim, expressos no texto legal citado.

Assim, como assente pela absoluta maioria dos doutrinadores, são *elementos subjetivos* de uma relação de consumo, as partes de cada polo da relação jurídica, ou seja, o *consumidor* e o *fornecedor*. E, como *elemento objetivo*, temos o *produto* ou *serviço*, que se traduz no objeto dessa mesma relação jurídica.

A conclusão, portanto, de se mostrar configurada, ou não, uma relação jurídica de consumo, não pode prescindir da avaliação de cada um desses elementos, no particular, o que fazemos na sequência.

## 5.1 O fornecedor

O CDC traz a definição: "É toda a pessoa física ou jurídica, pública ou privada, nacional ou estrangeira, bem como os entes despersonalizados, que desenvolvem atividades de produção, montagem, criação, construção, transformação, importação, exportação, distribuição ou comercialização de produtos ou prestação de serviços" (*verbis*, art. 3º).

Da própria definição legal extrai-se que a *atividade* desempenhada é de fundamental importância para que possamos determinar a figura do fornecedor. Segundo os Autores do anteprojeto,[16] que culminou na Lei nº 8.078/90, "a condição de fornecedor está intimamente ligada à atividade de cada um e desde que coloquem aqueles produtos ou serviços efetivamente no mercado".[17]

E é o próprio Código que diz quais são as atividades que promovem o lançamento de produtos e serviços no mercado de consumo, quais sejam: produção, montagem,

---

[16] Ada Pelegrini Grinover, Antonio Herman de Vasconcelos e Benjamin, Daniel Roberto Fink, José Geraldo Brito Filomeno, Kazuo Watanabe, Nelson Nery Junior e Zelmo Denari.

[17] GRINOVER, Ada Pelegrini *et al*. *Código brasileiro de defesa do consumidor*: comentado pelos autores do anteprojeto. 4. ed. Rio de Janeiro: Forense Universitária, 1996. p. 36.

criação, construção, transformação, importação, exportação, distribuição ou comercialização. Roberto Senise Lisboa, em sua obra *Responsabilidade civil nas relações de consumo*,[18] detalha cada uma delas, dizendo que:

> PRODUÇÃO é a elaboração ou realização de produtos e serviços capazes de suprir as necessidades econômicas do homem;
>
> MONTAGEM é a operação de se reunir as peças de um dispositivo, de um mecanismo ou de qualquer objeto complexo, de modo que ele possa funcionar satisfatoriamente ou preencher o fim para o qual se destina;
>
> CRIAÇÃO é a obra, o invento, a instituição ou a formação de um produto ou serviço, para a satisfação dos interesses humanos;
>
> CONSTRUÇÃO é a edificação ou a constituição de um bem;
>
> TRANSFORMAÇÃO é a metamorfose, a operação de modificação do estado de um sistema físico ou orgânico;
>
> IMPORTAÇÃO é a introdução de mercadorias oriundas de território nacional diverso daquele em que o importador se encontra domiciliado;
>
> EXPORTAÇÃO é o transporte de mercadoria para fora do território no qual o exportador se encontra domiciliado;
>
> DISTRIBUIÇÃO é a repartição social da riqueza como fato econômico; e,
>
> COMERCIALIZAÇÃO é a negociação de mercadorias.

---

[18] LISBOA, *op. cit.*, p. 129.

Com a devida vênia daqueles que defendem tese contrária, não vemos, absolutamente, como inserir a atividade desenvolvida pelo advogado em nenhum desses conceitos. O advogado é, antes de tudo, um servidor da Justiça e da Lei. Conforme dito linhas atrás, a pacificação social, escopo maior da própria *jurisdição*, atividade estatal monopolista, depende da atuação do advogado, como decorrência do princípio *nemo iudex sine actore* ("não há juiz sem autor"). Não exerce, pois, um trabalho que possa, simplesmente, ser determinado como *atividade produtiva de bens ou serviços*, tal como se destaca facilmente da própria filosofia que norteia a legislação consumerista.

Valioso, sob o aspecto ora referido, o douto magistério expendido pelo Des. Andreatta Rizzo, do Tribunal de Justiça de São Paulo, em decisão que conclui pela inaplicabilidade do CDC na hipótese, quando afirma que "as relações derivadas da prestação de serviços profissionais de advocacia não são contempladas pelas regras do código do consumidor e se notabilizam pelo seu caráter intuito *personae*", e faz questão de registrar em seu voto, *verbis*:

> (...) Realmente, o profissional liberal da advocacia não atua de modo impessoal no mercado e não se enquadra na definição de fornecedor, rendendo, apenas, subordinação às regras do estatuto corporativo e do Código de Ética.[19]

A par disso, há que se trazer à lembrança a circunstância — não raro esquecida e frequentemente desprezada

---

[19] Apelação Cível nº 990.10.092893-7, julgado em 9 jun. 2010, pela 26ª Câmara de Direito Privado do TJ/SP, Acórdão registrado sob nº 03034834.

— de que não é o advogado um mero prestador de serviços, mas desenvolve, conforme já dissemos e é sempre bom repetir, um *munus publico*. E *munus* quer dizer *encargo*, função.

Para se compreender adequadamente o significado e alcance dessa expressão, devemos trazer à lembrança lapsos da história da advocacia brasileira, de um período anterior à criação da Ordem dos Advogados do Brasil, em que a profissão era exercida, conforme palavras de Ruy Sodré,[20] com "exagerado individualismo e acentuado amoralismo", como consequência da interpretação, até certo modo distorcida, dada ao art. 72 da Constituição Federal de 1891;[21] época em que, também, não havia uma disciplina para a profissão, tampouco os postulados éticos tal como hoje, e a disciplina dos advogados sujeitava-se, tão somente, à autoridade dos juízes, numa limitada atuação em casos específicos.

A criação da Ordem dos Advogados do Brasil mudou radicalmente este panorama, e o fazendo, conforme noticia o mesmo Ruy Sodré, "deixava a advocacia de ser profissão exclusivamente privada e exercida com a mais ampla e irrestrita liberdade, para tornar-se regulamentada, selecionada, fiscalizada e disciplinada, funções essas delegadas pelo poder público à própria classe. **Passou a imperar o princípio, até então desprezado, de que o advogado participa da administração da Justiça, que é serviço público.** Desse princípio decorrem não só a subordinação

---

[20] SODRÉ, Ruy. *Ética profissional e estatuto do advogado*. 4. ed. São Paulo: LTr, 1991.

[21] Dizia o artigo: "É garantido o livre exercício de qualquer profissão moral, intelectual e profissional".

do advogado à disciplina funcional, ao compromisso que presta ao iniciar a profissão, e ao mais importante de todos, ou seja, o de ter acesso, como defensor da parte, no desenrolar do processo judicial".[22]

A partir daí, a advocacia deixou de ser simplesmente a prestação de serviços decorrentes do contrato de mandato, para adotar características de maior importância social, passando o advogado, agora, a assumir sua efetiva responsabilidade funcional. Vinculou-se, portanto, o exercício da profissão à observância dos princípios éticos que obrigam o advogado a exercer sua função com "zelo, probidade, dedicação e espírito cívico; a aceitar e exercer, com desvelo, os encargos cometidos pela Ordem dos Advogados, pela Assistência Judiciária ou pelos juízes competentes. E aos Conselhos Seccionais da Ordem atribui-se, entre outros, o encargo de velar pelo perfeito desempenho técnico e moral da advocacia e o prestígio e o bom conceito da profissão e dos que a exerçam".[23]

Conquanto se diga sempre que a advocacia é uma profissão liberal, o termo não significa que seja ela exercida no interesse privado, exclusivamente, porque acima dele está o serviço à Justiça. O advogado é um profissional liberal, no sentido de que "ele trabalha com a sua palavra — oral ou escrita — com seus dons de exposição e de persuasão, com seus conhecimentos jurídicos",[24] e, nesse aspecto, sua independência é absoluta.

---

[22] SODRÉ, *op. cit.*, p. 282.
[23] SODRÉ, *op. cit.*, p. 282.
[24] *Idem.*

Assim, a atuação do advogado, para o seu cliente, dá-se com relação a um interesse privado. Mas essa mesma atuação tem por escopo a realização da Justiça, que é um interesse público. Ou seja, *quando exerce as suas atividades, o advogado atende a um interesse da própria sociedade*, posto que a sua participação e colaboração são fundamentais para que se faça a Justiça por todos buscada. Daí dizer-se que o advogado exerce um *munus publico*.

Cremos não ser preciso muito mais para chegar-se à conclusão de que o advogado não se enquadra na definição de fornecedor de serviços. Somos profissionais liberais? Somos. Mas, como alerta o mesmo Ruy Sodré, "não devemos confundir liberdade com licenciosidade. Somos livres, mas nossa liberdade está condicionada, limitada pelo serviço público que prestamos, como elemento indispensável à administração da Justiça".[25]

Registre-se, por oportuno, a lição de Calamandrei, sobre a efetiva participação do advogado na administração da Justiça, que acentua com primor a função social por ele desempenhada:

> (...) na sempre crescente complicação da vida jurídica moderna, na aspereza dos formalismos processuais, que parecem aos profanos misteriosas trincas, o advogado é um precioso colaborador do juiz, porque trabalha em seu lugar, para recolher os materiais do litígio, traduzindo em linguagem técnica as fragmentárias e desligadas afirmações da parte, tirando delas a ossatura do caso jurídico

---

[25] *Idem, op. cit.*, p. 287.

para apresentá-lo ao juiz, em forma clara e precisa e nos moldes processualmente corretos, e daí, graças a esse advogado paciente que, no recolhimento do seu gabinete, desbasta, interpreta, escolhe e ordena os elementos informes proporcionados pelo cliente, o juiz chega a ficar em condições de ver de um golpe, sem perda de tempo, o ponto vital da controvérsia. **O advogado aparece, assim, como um elemento integrante da organização judicial, como um órgão intermediário entre juiz e a parte, no qual o interesse privado de alcançar uma sentença favorável e o interesse público de obter uma sentença justa se encontram e se conciliam. Por isso, sua função é necessária ao Estado, como servidor do Direito** (...).[26]

Deixa-se para trás, pois, quaisquer dúvidas em excluir o *advogado* do conceito de fornecedor de serviços, tal como estabelecido no Código de Defesa do Consumidor, o que se faz não como forma de *resistência* [27] ao regramento

---

[26] CALAMANDREI, Piero. *Demasiados abogados*. Madrid: Victoriano Suárez, 1926, *apud* SODRÉ, *op. cit.*, p. 283.

[27] A manifestação da advogada Rosana Chiavassa, às fls. 39, do Processo autuado no Conselho Federal da OAB – Consulta nº 0001/2004-OEP, já mencionado de início, diz, textualmente:
"Convenhamos, *não é convincente a resistência dos prestadores de serviço*, em várias frentes da atividade profissional, *quanto a eficácia das regras contidas por aquele diploma, principalmente os advogados.*
Em verdade, no mundo hodierno, onde impera a concorrência, tiveram de articular-se os profissionais de diferentes setores do conhecimento, no sentido de poder atender um número cada vez maior de clientes, fazendo uso de desenvolvimento tecnológico auferido no meio das comunicações.
O que antes era privilégio de poucos, com a nova ordem econômica passou a ser acessível a todos; e não parece ser dispensável a assessoria jurídica numa fase da vida humana em que existem repercussões das mais variadas no âmbito do Direito.

consumerista em particular, mas antes, como resgate da verdadeira essência da advocacia, e porque incapaz de ver os preceitos éticos que regulam a nossa profissão, como *dispositivos arcaicos*.[28]

## 5.2 O consumidor

Conquanto a simples descaracterização do advogado como fornecedor de serviços, por si só, já fosse bastante para afastar por completo a incidência da norma consumerista, vamos ainda mais longe, analisando, ademais, as características próprias da figura do *consumidor*, que haveriam de reunir-se, necessariamente, na figura do cliente, para que possamos ter uma relação de consumo.

Entretanto, também aqui, não vislumbramos a condição de consumidor, tal como estabelecida no CDC. Explicamos.

A definição vem no art. 2º: "Consumidor é toda pessoa física ou jurídica que adquire ou utiliza produto ou serviço como destinatário final" (*verbis*).

---

Todos nós somos suscetíveis a imprevisões de natureza criminal, civil, trabalhista, ou mesmo tributária, daí, porque, ampliou-se de muito o mercado para o exercício da advocacia. (...)

O antigo escritório de advocacia nada tem com o antigo bureau, com suas centenas de profissionais seus vastos quadros de funcionários, além da correspondente rede de aparelhos tecnológicos à disposição dos prestadores e tomadores de serviços. A manutenção de tal infra-estrutura exige seja revista e ampliada a gama de atendimento aos clientes, transformando a essência da relação entre patrono e constituinte. (...)

Ignorar tais eventos e repudiar o Código de Defesa do Consumidor equivale a examinar a atividade profissional do Direito levando em conta *dispositivos arcaicos*."

[28] *Idem.*

Os mesmos autores do anteprojeto do CDC, já referidos alhures, esclarecem que "o traço marcante da conceituação de 'consumidor' (sic) está na perspectiva que se deve adotar, ou seja, no sentido de se o considerar como hipossuficiente ou vulnerável, não sendo, aliás, por acaso, que o mencionado 'movimento consumerista' apareceu ao mesmo tempo que o sindicalista, principalmente a partir da segunda metade do século XIX em que se reivindicam melhores condições de trabalho e melhoria da qualidade de vida, e, pois, em plena sintonia com o binômio 'poder aquisitivo/aquisição de mais e melhores bens e serviços'".[29]

Parece-nos desnecessário adentrar, pormenorizadamente, nos conceitos e variações dos termos hipossuficiência e/ou vulnerabilidade, que, de modo geral, todos já sabemos o que significa. Assim, apenas com base nesse entendimento geral e supérfluo de ambas as expressões, podemos dizer, e acreditamos que nisto não teremos divergências, que tais características são, de fato e de direito, os alicerces nos quais se fundiu o regramento protecionista em questão.

Em outras palavras, exemplificando com a hipótese de um cidadão que contrata o serviço de edificação de sua residência com uma empresa construtora, temos que o desequilíbrio verificado nessa relação jurídica entre as duas partes, decorre, basicamente: do **poder** da segunda, que emerge do fato de dominar o crédito, explorar eficiente e eficazmente as técnicas indutivas de marketing, e com

---

[29] *Op. cit.*, p. 26, 27.

isso, mas não só, poder determinar as regras contratuais de forma unilateral ou impositiva, de um lado; e, de outro, da **impossibilidade ou dificuldade do contratante em acessar a Justiça** para defender-se, ou minimizar seus prejuízos. Esses são os aspectos que marcaram o nascimento e desenvolvimento do Direito do Consumidor, já que o mercado, em si mesmo, não apresentava mecanismos capazes de superar a vulnerabilidade de uma das partes, fenômeno ao qual, certamente, o Direito não poderia ficar alheio.[30]

Só que essa situação de vulnerabilidade, ou hipossuficiência, não se verifica com aquele que contrata os serviços do advogado, uma vez que este profissional, ao contrário daqueles que exploram atividades no mercado de consumo, está, literalmente, amarrado a uma infinidade de regras que restringem e impõem limites inarredáveis à sua atuação, desde o oferecimento dos serviços, passando pela forma de contratar, até chegar ao desempenho do próprio ofício advocatício em si.

A par disso, o cliente é amplamente protegido pelo próprio Estatuto da Advocacia, seu Regulamento Geral, ainda mais especificamente, pelo Código de Ética e Disciplina da classe e, em última análise, pela própria instituição (OAB), que lhe disponibiliza mecanismos próprios, **com eficácia e eficiência atestadas por sua própria história**, a eliminar, por completo, qualquer possibilidade de se vislumbrar, naquele que contrata o advogado, a

---

[30] Ada Pelegrini Grinover e outros, autores do anteprojeto, em seus comentários ao CDC, *op. cit.*, p. 6.

inferioridade ou vulnerabilidade que justificaria a aplicação da norma consumerista.

Seguramente, pode-se afastar, pois, também aqui, a possibilidade de incidência da lei de proteção ao consumidor, até porque, como dito, a política estabelecida por tal legislação visa, especificamente, a coibir e reprimir os abusos praticados no mercado de consumo contra a parte presumidamente inferiorizada na relação jurídica, e tal circunstância não se verifica na *relação de patrocínio* estabelecida entre cliente e advogado, valendo lembrar que à advocacia é expressamente proibida a utilização de técnicas indutivas que levem o cliente a contratar um profissional.

## 5.3 Os serviços

Os elementos objetivos de uma relação de consumo, conforme já dito alhures, são: o produto e o serviço. E o legislador consumerista, sem dúvida, estabeleceu a noção de produto vinculada a um *bem*; e a noção de serviço, à *atividade*, como critério distintivo básico, e com escopo fundamental de inviabilizar a incidência do Código do Consumidor sobre relações jurídicas que, embora possam ter como objeto uma atividade humana, não estariam incluídas dentre aquelas que sustentam todo o sistema normativo estabelecido, posto que não inseridas num mercado de consumo, visto este como o palco de circulação de riquezas.

Tal circunstância nos parece bastante clara, por exemplo, quando os próprios autores do anteprojeto do CDC, citando o magistério de Philip Kotler, registram que **serviços** "podem ser considerados como atividades, benefícios ou satisfações que são **oferecidos à venda**[31] (*verbis*, grifos nossos).

*Data maxima venia*, não conseguimos ver na advocacia tais características, porque tal implicaria em negar todos os princípios éticos que norteiam a nossa atividade profissional, e os fundamentos sobre os quais foi gerado o Estatuto da Advocacia e da OAB.

É que o advogado, por expressa vedação do Estatuto, não pode colocar seus serviços à venda. Por prestar, em seu ministério privado, um serviço público, e exercer uma função social, conforme art. 2º do Estatuto, lhe é proibido "o oferecimento de serviços profissionais que impliquem, direta ou indiretamente, inculcação ou captação de clientela" (*verbis*, art. 7º, Código de Ética).

O exercício da advocacia, diz textualmente o art. 5º do Código Deontológico, "*é incompatível com qualquer procedimento de mercantilização*" (*verbis*), sendo-lhe vedado, até mesmo, "a divulgação da advocacia em conjunto com outra atividade" (art. 1º, §3º, EAOAB).

Tais vedações, a par de inúmeras outras registradas em nosso regramento profissional, sem a menor sombra de dúvidas, retiram da advocacia, mesmo que se trate de uma atividade remunerada, aquela característica de serviço posto à venda, ou disponibilizado no mercado, indispensável para que se possa inseri-la no conceito de relação de consumo, não obstante a redação genérica trazida pelo Código do Consumidor.

---

[31] GRINOVER, *op. cit.*, p. 39.

E, nesse aspecto, recordamos a lição de Carlos Maximiliano de que interpretar uma norma vai muito além de simplesmente esclarecer os seus termos, mas significa, antes, "revelar o sentido apropriado para a vida real, e conducente a uma decisão reta",[32] de forma a não esquecermos que a lei formal é apenas uma parte de um sistema jurídico onde convivem os Princípios Gerais do Direito, os postulados do direito natural, o sentimento de justiça, e a exigência de equidade, todos vivenciados e sentidos pela sociedade na qual habitamos,[33] cabendo ao intérprete, portanto, fazer a adequação da norma ao sistema onde a mesma está inserida.

Assim, por não se enquadrar, a atividade desempenhada pelo advogado, na definição de serviço, tal como difundida no Código de Defesa do Consumidor, temos como ausente, também, o elemento objetivo necessário à relação de consumo, que, conforme já demonstrado linhas atrás, não se caracteriza no caso dos trabalhos advocatícios.

Destarte, socorrendo-nos da lição do Min. Humberto Gomes de Barros, de que *o direito é a arte do justo e do razoável*,[34] não nos parece razoável admitir a qualidade de fornecedor de serviços ao profissional da advocacia, impingindo-lhe todos os ônus daí decorrentes, quando este

---

[32] MAXIMILIANO, Carlos. *Hermenêutica e aplicação do direito*. 19. ed. Rio de Janeiro: Forense, 2003.

[33] AGUIAR JÚNIOR, Ruy Rosado de. Interpretação. *Ajuris*, v. 16, n. 45, p. 7-20, mar. 1989; ALLEMAR, Aguinaldo. *Tutela estatal e relação jurídica de consumo*: a intervenção do Estado na economia. Curitiba Juruá, 2003. p. 27, nota 16.

[34] Ementa do REsp nº 98.142.

profissional **já suporta todos os ônus que lhe são impostos pelo regramento específico de sua atividade**. Configuraria, a nosso ver, uma enorme *injustiça*. E, sendo injusto, tem-se que tese defendida nesse sentido não pode ser agasalhada pelo Direito.

Analisados, portanto, cada um dos elementos necessários à configuração de uma relação de consumo, não temos dúvidas, repita-se, em concluir, que a mesma se mostra ausente da relação jurídica estabelecida entre o advogado e seu cliente.

Esclarecidos esses pontos essenciais da questão ora analisada, passamos a tratar, nos tópicos seguintes, especificamente dos questionamentos formulados na consulta submetida ao crivo do Conselho Federal da Ordem dos Advogados do Brasil, através de seu Órgão Especial, sobre a possibilidade de inversão do ônus probatório, e responsabilidade civil objetiva em se tratando de sociedades de advogados.

CAPÍTULO 6

# INVERSÃO DO ÔNUS PROBATÓRIO

## IMPOSSIBILIDADE

Quanto à regra prevista no art. 6º, VIII, do CDC, que possibilita a inversão do ônus probatório, temos como inaplicável em ações de responsabilização movidas contra advogado, com base na relação de patrocínio estabelecida entre este e o seu cliente.

Com efeito, o Código de Processo Civil, em seus artigos 332 a 341, estabelece as regras que submetem as partes em matéria probatória. De acordo com o art. 333, ao autor recai o ônus de provar os fatos constitutivos dos direitos alegados, e ao réu incumbe demonstrar os fatos impeditivos, modificativos ou extintivos destes. É essa regra de distribuição do ônus da prova que, inspirado num critério de igualdade jurídica entre as partes, orienta a atividade processual no sistema jurídico brasileiro. O Código de

Defesa do Consumidor, igualmente influenciado pelo princípio da igualdade, mas levando em consideração a fragilidade do consumidor perante o fornecedor de serviços, criou uma exceção, permitindo, em certas hipóteses, a inversão dessa regra. Ocorre que esse mesmo regramento consumerista, adotando em seus fundamentos a doutrina da responsabilidade objetiva, estabeleceu outra regra de exceção em face dos profissionais liberais, ressalvando quanto a estes a apuração da responsabilidade mediante a demonstração da culpa (art. 14, §4º), mantendo, pois, em relação aos mesmos a regra geral da responsabilidade subjetiva, o que pressupõe a manutenção do encargo probatório com aquele que faz as alegações, ou seja, o cliente.

Ademais, a inversão do ônus da prova só é cabível quando o beneficiário se enquadra na categoria de consumidor (Lei nº 8.078/90, art. 2º), que não é o caso do cliente do advogado, conforme já se demonstrou alhures, estando, além disso, tal como já assentado na jurisprudência pacífica do STJ, condicionado ainda à demonstração de sua hipossuficiência e da verossimilhança das alegações deduzidas.

Destaca-se, nesse aspecto, a recente decisão proferida no julgamento do Recurso Especial nº 1.021.261/RS, relatado pela Min. Nancy Andrighi, cuja ementa estabelece que "a inversão do ônus da prova pressupõe hipossuficiência (técnica, jurídica ou econômica) ou verossimilhança das alegações feitas pelo consumidor". Em seu voto, aliás, a ministra esclarece, oportunamente, que, mesmo quando reconhecida a relação de consumo — hipótese diversa da prestação de serviços advocatícios — "a inversão do ônus da prova não pode se prestar a transmitir ao fornecedor de produtos ou serviços a incumbência de produzir a contraprova de fato que a experiência comum mostra desarrazoado" (*verbis*; *DJ*, 5 maio 2010).[35]

Destarte, a possibilidade de inversão do ônus probatório na hipótese de prestação de serviços advocatícios encontra dois óbices intransponíveis. O primeiro é que, em se tratando de uma excepcionalidade, a regra só pode subsistir se estiver devidamente lastreada em dispositivo expresso de lei, o que não é o caso, já que a própria legislação consumerista ressalvou a atividade dos profissionais liberais. O segundo decorre do primeiro, ou seja, uma vez mantida a responsabilidade subjetiva, a prova deve girar em torno da culpa ou dolo do prestador de serviços, ônus que compete ao cliente, e não ao próprio profissional.

De um modo ou de outro, é de se destacar a ressalva contida no pronunciamento do ilustre advogado paulista, Dr. Valtécio Ferreira, que integra os autos do Processo nº 0001/2004-OEP, autuado no Conselho Federal da OAB por ocasião da Consulta formulada pelo Conselho Seccional de São Paulo, *verbis*:

> Observo, ademais, que, no caso, a conduta correta, sem culpa, sem dolo ou a demonstração da inexistência de lide

---

[35] No mesmo sentido, a decisão proferida no Agravo Regimental em Agravo de Instrumento nº 1.263.401/RS, relatado pelo Min. Vasco Della Giustina (convocado do TJ/RS), cuja ementa é clara no sentido de que "em se tratando de produção de provas, a inversão, em caso de relação de consumo, não é automática, cabendo ao magistrado a apreciação dos aspectos de verossimilhança da alegação do consumidor ou de sua hipossuficiência, conforme estabelece o art. 6º, VIII, do referido diploma legal" (decisão unânime, 3ª Turma, *DJ*, 23 abr. 2010).

temerária são, por sua vez, fatos extintivos, impeditivos ou modificativos do direito do autor e, portanto, à luz da bipartição do ônus da prova, devem ser provados pelo advogado, quando do momento próprio, em benefício de sua defesa.

Conseqüentemente, seja qual o ângulo observado, a inversão do ônus da prova é instituto inaplicável na ação de responsabilidade civil do advogado por ter agido com culpa, dolo ou praticado lide temerária, quando do exercício profissional e em razão deste.

Não se invoque, outrossim, analogia, por ser dessemelhante a responsabilidade civil enfocada no artigo 14 do Código do Consumidor com a do Estatuto da Advocacia (artigo 32), máxime quando a lei consumerista prevê a ocorrência de culpa, na responsabilidade civil do profissional liberal.

Não há, pois, embasamento jurídico para inverter ônus da prova, em tal classe de ações. (*verbis*, fls. 21/22, destes autos)

Dito isso, parece-nos que o assunto foi esgotado, e responde, neste tópico, a quaisquer dúvidas que possam ser suscitadas a respeito.

CAPÍTULO 7

# SOCIEDADE DE ADVOGADOS

## RESPONSABILIDADE OBJETIVA.
## IMPOSSIBILIDADE

Quanto ao segundo questionamento, apresentado na Consulta à qual nos referimos de início — "se em uma mesma ação as sociedades de advocacia constituídas como empresa responderão objetivamente", concluímos negativamente. E o fazemos, antes de qualquer coisa, no sentido de preservar a norma estabelecida pelo Estatuto da Advocacia, de que as sociedades de advogados *não são empresas* constituídas para exercer a advocacia, já que esta é uma atividade *privativa* do advogado.

Há, portanto, conforme registra o ilustre advogado Alfredo de Assis Gonçalves Neto, em sua obra *Sociedades de Advogados*, "uma impossibilidade material de a sociedade exercer a advocacia, privativa dos inscritos na OAB (art.

3º, do Estatuto), eis que, para tanto, teria de preencher as exigências de inscrição (art. 8º do Estatuto), inatendíveis por pessoa jurídica. A sociedade existe para apoiar a atividade conjunta de advogados, gerir suas contas e facilitar-lhes o trabalho".[36]

Oportuno citar, aqui, o regramento instituído pelo Provimento 92/2000 acerca das Sociedades de Advogados, que, já em seu art. 2º, vedava a adoção de qualquer das espécies de sociedade mercantil, e traz com minúcias todos os elementos que devem conter os contratos sociais. O art. 4º estabelecia que "as sociedades de advogados, no exercício de suas atividades, somente podem praticar os atos indispensáveis às suas finalidades, assim compreendidos, dentre outros, os de sua administração regular, a celebração de contratos em geral para representação, consultoria, assessoria e defesa de clientes *por intermédio de advogado* de seus quadros" (*verbis*). A mesma disposição foi mantida no art. 6º, do Provimento nº 112/2006 (*DJ*, p. 819 S1, 11 out. 2006), cujo art. 2º, inc. X é bastante claro ao dispor que "não são admitidas a registro, nem podem funcionar, Sociedades de Advogados que revistam a forma de sociedade empresária ou cooperativa, ou qualquer outra modalidade de cunho mercantil" (*verbis*).

O Estatuto afastou, pois, de pronto qualquer possibilidade de adoção do modelo empresarial para as sociedades de advogados, e, ao mesmo tempo em que permite a constituição dessas, cuida de prevenir a responsabilidade individual de cada um dos seus integrantes

---

[36] GONÇALVES NETO, Alfredo de Assis. *Sociedades de Advogados*. Brasília: OAB, Conselho Federal, 2000. p. 16

no desenvolvimento de suas atividades profissionais, vinculando-os, e à própria sociedade, por seus representantes, aos preceitos do Código de Ética e Disciplina, tudo lastreado na constante preocupação em evitar a mercantilização da advocacia.[37]

Ademais, temos como viciada, por força da aplicação da regra estabelecida no inc. II do art. 295 do Código de Processo Civil, uma ação de responsabilidade civil que indique, no polo passivo, uma sociedade de advogados, face ao disposto no §3º do art. 15 da Lei nº 8.906/94, segundo o qual as procurações devem ser outorgadas individualmente aos advogados.

---

[37] Mais comentários constam em obra de minha autoria: *Estatuto da advocacia*: comentários e jurisprudência selecionada. E, especificamente sobre a Natureza Jurídica da sociedade de advogados, transcreve-se: "Explicando a natureza jurídica das sociedades de advogados, Paulo Luiz Neto Lobo explica que o Estatuto definiu-a como 'sociedade civil exclusivamente de pessoas e de finalidade profissionais', destacando, entrementes, que apresenta características *sui generis*, inconfundíveis, portanto, com as demais sociedades civis reguladas pelo nosso ordenamento jurídico. Ruy de Azevedo Sodré a elas se refere como 'sociedades civis de trabalho', cuja finalidade volta-se 'à disciplina do expediente e dos resultados patrimoniais auferidos na prestação dos serviços de advocacia'". Nisso está o ponto básico a diferenciar a sociedade de advogados das demais sociedades civis de prestação de serviços, já que o que lhe justifica a criação é exatamente a necessidade de disciplinar as questões administrativas e financeiras dos profissionais envolvidos, de modo a propiciar-lhes maiores facilidades no exercício de suas atividades, livrando-os de determinadas tarefas burocráticas, como também facilitando-lhes a manutenção financeira de seus escritórios.

CAPÍTULO 8

# JURISPRUDÊNCIA

São inúmeras as decisões proferidas pelos tribunais brasileiros afastando a incidência da legislação consumerista às relações estabelecidas entre advogados e clientes. Destacamos algumas delas, a começar pela decisão proferida pelo Superior Tribunal de Justiça (STJ), no Recurso Especial nº 532.377/RJ, publicado no *Diário da Justiça* de 13 out. 2003, assim ementada:

> PROCESSO CIVIL. (...) PRESTAÇÃO DE SERVIÇOS ADVOCATÍCIOS. INAPLICABILIDADE DO CÓDIGO DE DEFESA DO CONSUMIDOR. (...)
>
> Não há relação de consumo nos serviços prestados por advogados, seja por incidência de norma específica, no caso a Lei nº 8.906/94, seja por não ser atividade fornecida no mercado de consumo.
>
> As prerrogativas e obrigações impostas aos advogados — como, *v.g.*, a necessidade de manter sua independência em

qualquer circunstância e a vedação à captação de causas ou à utilização de agenciador (arts. 31, §1º, e 34/ III e IV, da Lei nº 8.906/94) — evidenciam natureza incompatível com a atividade de consumo. (rel. Min. César Asfor Rocha, 4ª Turma, unânime)

Destaca-se, do voto do relator, no processo acima, um trecho que resume tudo quanto defendemos até aqui, *verbis*:

> (...) ainda que o exercício da nobre profissão de advogado possa importar, eventualmente e em certo aspecto, espécie do gênero prestação de serviço, é ele regido por norma especial, que regula a relação entre cliente e advogado, além de dispor sobre os respectivos honorários, afastando a incidência da norma geral.

O mesmo Tribunal, no julgamento do *Recurso Especial nº 539.077-MS*, relatado pelo Min. Aldir Passarinho, *DJ*, 30 maio 2005, ainda registra, *verbis*:

> CIVIL E PROCESSUAL CIVIL. AÇÃO DE COBRANÇA DE HONORÁRIOS ADVOCATÍCIOS. (...) ALEGAÇÃO DE EXCESSO NOS VALORES FIXADOS EM CONTRATOS PROFISSIONAIS. (...) INCIDÊNCIA DO CDC SOBRE SERVIÇOS ADVOCATÍCIOS. APLICABILIDADE DE LEI ESPECÍFICA. ESTATUTO DA OAB. (...)
>
> IV – As relações contratuais entre clientes e advogados são regidas pelo Estatuto da OAB, aprovado pela Lei nº 8.906/94, a elas não se aplicando o Código de Defesa do Consumidor. (4ª Turma, decisão unânime)

Em decisão publicada no *DJ*, 9 out. 2006, o mesmo entendimento é mantido pela Terceira Turma, do mesmo

Tribunal, por ocasião do julgamento do *Recurso Especial nº 757.867/RS*, relatado pelo Min. Humberto Gomes de Barros, assim ementado, *verbis*:

> PROCESSUAL. AÇÃO DE ARBITRAMENTO DE HONORÁRIOS. PRESTAÇÃO DE SERVIÇOS ADVOCATÍCIOS. CÓDIGO DE DEFESA DO CONSUMIDOR. NÃO APLICAÇÃO. CLÁUSULA ABUSIVA. *PACTA SUNT SERVANDA.*
>
> Não incide o CDC nos contratos de prestação de serviços advocatícios. Portanto, não se pode considerar, simplesmente, abusiva a cláusula contratual que prevê honorários advocatícios em percentual superior ao usual. Prevalece a regra do *pacta sunt servanda.* (decisão unânime)

Nesse voto, o ministro relator não deixa dúvidas ao afirmar que "não existe relação de consumo nos serviços prestados por advogados" (*verbis*).

Também no julgamento do Agravo Regimental no Agravo de Instrumento nº 815.998/BA, relatado pelo Min. Fernando Gonçalves, publicado no *DJ*, 3 dez. 2007, a ementa é categórica ao afirmar "não incidente o Código de Defesa do Consumidor nos contratos de prestação de serviços advocatícios" (*verbis*).

Noutro julgamento (Recurso Especial nº 914.105/GO) realizado em set. 2008, a mesma conclusão, conforme ementa que se transcreve, *verbis*:

> RECURSO ESPECIAL. CONTRATO DE PRESTAÇÃO DE SERVIÇOS ADVOCATÍCIOS. CÓDIGO DE DEFESA DO CONSUMIDOR. INAPLICABILIDADE. LEGITIMIDADE DO NEGÓCIO JURÍDICO. RECONHECIMENTO.

1. As normas protetivas dos direitos do consumidor não se prestam a regular as relações derivadas de contrato de prestação de serviços de advocacia, regidas por legislação própria. Precedentes.

2. O contrato foi firmado por pessoa maior e capaz, estando os honorários advocatícios estabelecidos dentro de parâmetros razoáveis, tudo a indicar a validade do negócio jurídico.

3. Recurso especial conhecido e provido. (Decisão unânime, 4ª Turma, *DJ*, 22 set. 2008)

Alicerçados em tais precedentes, inúmeros são os pronunciamentos monocráticos no âmbito do mesmo Superior Tribunal de Justiça (STJ), confirmando a inaplicabilidade do regramento consumerista às relações advogado-cliente, dentre as quais destacamos as que seguem.

Na *Medida Cautelar nº 14.595/SP*, (*DJ*, 22 ago. 2008), a Min. Nancy Andrighi registrando o fato de que o STJ "já estabeleceu não ser de consumo a relação entre advogado e cliente" (*verbis*), afasta a incidência do CDC, e salienta a manutenção da decisão de segunda instância, recorrida, cuja ementa é redigida nos termos que seguem, *verbis*:

O contrato de honorários celebrado entre o advogado e a empresa comercial reclamada não é um contrato de adesão e nem por adesão. Suas cláusulas, bem estudadas, minuciosamente especificadas e aceitas bilateralmente por pessoas bem informadas, longe está de um contrato de massa que tem por característica a produção e distribuição em série de bens e serviços, daí porque não se submete à disciplina do Código de Defesa do Consumidor.

Em maio de 2009, o Min. Fernando Gonçalves nega provimento ao Agravo de Instrumento nº 829.406/PR, sob o argumento de que "o acórdão recorrido encontra-se em consonância com o entendimento desta Corte, no sentido de que o Código de Defesa do Consumidor não tem aplicação aos contratos de prestação de serviço por advogados, por incidência de norma específica" (*DJ*, 2 jun. 2009).

Recentemente o Min. Aldir Passarinho Junior, em decisão monocrática proferida no Recurso Especial nº 678.165/RS (*DJ*, 30 mar. 2010), registra que a jurisprudência da Corte (STJ) "firmou-se no sentido da inaplicabilidade das normas do Código de Defesa do Consumidor aos contratos de prestação de serviços advocatícios" (*verbis*).

No mesmo passo segue o Min. Vasco Della Giustina, convocado do TJ/RS, em decisão publicada no *DJ*, 18 ago. 2010,[38] em que aprecia o *Agravo de Instrumento nº 1.278.708-GO*, destacando a decisão recorrida, assim ementada, *verbis*:

APELAÇÃO CÍVEL. EMBARGOS A EXECUÇÃO. CONTRATO DE PRESTAÇÃO DE SERVIÇO ADVOCATÍCIOS. CÓDIGO DE DEFESA DO CONSUMIDOR. INAPLICABILIDADE. ABUSIVIDADE E ONEROSIDADE EXCESSIVA AFASTADAS.

I – As normas protetivas dos direitos do consumidor não se prestam a regular as relações derivadas de contrato de prestação de serviços advocatícios, regidas por legislação própria.

---

[38] Ver também a decisão proferida no Agravo de Instrumento nº 785.300/RS, publicada no *DJ*, 27 out. 2009, do mesmo relator, e no mesmo sentido.

II – Tendo sido o contrato de prestação de serviços advocatícios celebrado por pessoa maior e capaz, dentro de parâmetros razoáveis, sua revisão apresenta-se inadmissível, pois não configurada a alegada abusividade ou onerosidade excessiva, pelo que deve prevalecer o princípio *pacta sunt servanda*. Apelação conhecida e desprovida. (TJ/GO 2ª Câmara Cível, Apelação Cível nº 134959-7/88, rel. Des. Gilberto Marques Filho)

Também os Tribunais Estaduais, ao longo dos últimos anos, vêm consolidando a jurisprudência no sentido de que as relações estabelecidas entre advogado-cliente são regidas por legislação própria (Estatuto da OAB), não se configurando como relação de consumo, de modo a excluí-las da incidência do Código Consumerista. Transcrevemos algumas, conforme segue, abrangendo o período de 2000 a 2010.

## Tribunal de Justiça de Minas Gerais

AGRAVO DE INSTRUMENTO – EXCEÇÃO DE INCOMPETÊNCIA – CONTRATO DE PRESTAÇÃO DE SERVIÇOS ADVOCATÍCIOS – RELAÇÃO DE CONSUMO – DESCARACTERIZADA – PREVALÊNCIA DO FORO DE ELEIÇÃO. O Código de Defesa do consumidor não incide nos contratos de prestação de serviços advocatícios. Não sendo de consumo a relação firmada entre as partes, o caso é de aplicação daquilo que foi contratado, reputando-se como válida a cláusula de eleição de foro firmada em contrato escrito. Aplicação do artigo 111 do Código de Processo Civil que, nas hipóteses de competência fixada em razão do valor e do território, permite a eleição do foro onde tramitará a demanda. (TJ/MG, 15ª Câmara Cível, Agravo de Instrumento nº 1.0133.06.031420-9/001, rel. Des. Tiago Pinto, decisão unânime, *DJ*, 25 jun. 2009)

AÇÃO DE COBRANÇA DE HONORÁRIOS ADVO-CATÍCIOS – AGRAVO RETIDO – PROVA TESTEMUNHAL DESNECESSÁRIA PARA O DESLINDE DO FEITO – COMPROVAÇÃO DA EFETIVA PRESTAÇÃO DE SERVIÇOS – JUSTIÇA GRATUITA – *CÓDIGO DE DEFESA DO CONSUMIDOR – NÃO APLICÁVEL À PRESTAÇÃO DE SERVIÇOS ADVOCATÍCIOS.* - Para que se configure o cerceamento de defesa e, por conseqüência, uma grave ofensa aos princípios do devido processo legal, da ampla defesa e do contraditório, é necessário que a prova, que deixou de ser produzida, se caracterize como relevante e imprescindível para a solução da lide. – Inconteste se mostra a atribuição de serviço advocatício à Apelada por meio da outorga da procuração, bem como dos demais documentos trazidos aos autos, afigurando-se óbvia a correspondência do trabalho, não podendo, portanto, o profissional da área jurídica deixar de receber remuneração justa pelo serviço prestado. – Não obstante, a concessão da assistência judiciária, esta não se estende para isentar a parte beneficiária do pagamento dos honorários contratuais, uma vez que o advogado não está obrigado a patrocinar a causa gratuitamente. – *O Código de Defesa do consumidor não se aplica ao prestador de serviços advocatícios, incidindo no caso norma específica (Lei nº 8.906/94).* (TJ/MG, 13ª Câmara Cível, Apelação Cível nº 1.0024.05.642867-5/002, rel. Des. Cláudia Maia, *DJ*, 28 jun. 2008)

APELAÇÃO CÍVEL – PRESTAÇÃO DE CONTAS – *CONTRATO DE PRESTAÇÃO DE SERVIÇOS ADVOCATÍCIOS*

*– INAPLICABILIDADE DO CÓDIGO DE DEFESA DO CONSUMIDOR* – OBRIGAÇÃO DE PRESTAR CONTAS – RECONVENÇÃO – POSSIBILIDADE – RESCISÃO DO CONTRATO – PERDAS E DANOS – REPARAÇÃO DEVIDA – RAZOABILIDADE E PROPORCIONALIDADE NA FIXAÇÃO DO "QUANTUM" – RECURSO PARCIALMENTE PROVIDO – VOTO VENCIDO PARCIALMENTE. A reconvenção pode ser admitida em ações de prestação de contas, desde que tenham tomado o procedimento ordinário, e a pretensão veiculada pelo réu-reconvinte na reconvenção não seja a de exigir o que tenha de crédito na ação principal. *As atividades profissionais do advogado não se encontram compreendidas na prática da mercancia, porquanto se constitui em "munus" público, regulado por legislação especial. Conforme entende o STJ, não há relação de consumo nos serviços prestados por advogados, seja por incidência de norma específica, no caso a Lei 8.906, de 1994, seja por não ser atividade fornecida no mercado de consumo (...).* (TJ/MG, 11ª Câmara Cível, Apelação Cível nº 1.0024.03.985985-5/002, rel. Des. Fernando Caldeira Brant, *DJ*, 31 maio 2008)

AGRAVO DE INSTRUMENTO – *SERVIÇOS ADVO-CATÍCIOS – INAPLICABILIDADE DO CDC. Não é aplicável o Código de Defesa do consumidor aos serviços prestados por advogados, tendo em vista a natureza do serviço e a sua regulamentação específica pela Lei nº 8.906/94.* (TJ/MG, 12ª Câmara Cível, Agravo nº 1.0024.06.077100-3/001, rel. Des. Nilo Lacerda, DJ, 30 set. 2006)

AÇÃO DE INDENIZAÇÃO – *PRESTAÇÃO DE SER-VIÇOS ADVOCATÍCIOS* – RELAÇÃO DE CONSUMO – INEXISTÊNCIA – DANO MATERIAL E MORAL – DEMONSTRAÇÃO – ÔNUS DO AUTOR. *A prestação de serviços advocatícios não se consubstancia em relação de* consumo, afastando-se a incidência das normas constantes no *Código de Defesa do consumidor*. Sendo indenização pleiteada de natureza subjetiva, fundada no direito comum, sua procedência subordina-se à demonstração da presença de todos os elementos etiológicos da responsabilidade civil: o dano, a infração da norma e o nexo de causalidade entre uma e outra. (TJ/MG, 15ª Câmara Cível, Apelação Cível nº 1.0024.04.338228-2/001, rel. Des. José Affonso da Costa Côrtes, *DJ*, 8 mar. 2006)

ADVOGADO – RESPONSABILIDADE CIVIL – AÇÃO PROPOSTA NO DOMICÍLIO DA EMPRESA AUTORA – EXCEÇÃO DE INCOMPETÊNCIA ARGÜIDA PELO RÉU – ACOLHIMENTO – *CDC – INAPLICABILIDADE* – AGRAVO DE INSTRUMENTO IMPROVIDO. *Por não constituir a prestação de SERVIÇOS ADVOCATÍCIOS relação de consumo, tratando-se, ao contrário, de obrigação de meio, a ela não se aplicam as disposições do Código de Defesa do CONSUMIDOR*, pelo que se impõe a manutenção da decisão que acatou a exceção de incompetência argüida pelo réu no curso da ação de reparação de danos por negligência no acompanhamento de processo judicial, contra ele proposta no domicílio da empresa autora. (Agravo de Instrumento Cível nº 0327746-1/2000, Proc. 2000.00025203, 7ª Câmara Cível do TAMG, Poços de Caldas, rel. Juiz Fernando Bráulio. j. 26.4.2001, unânime)

# Tribunal de Justiça de Pernambuco

PROCESSUAL CIVIL – EMBARGOS DECLARATÓRIOS OPOSTOS EM FACE DO PROVIMENTO PARCIAL DA APELAÇÃO CÍVEL INTERPOSTA PELA EMBARGADA

– VÍCIOS NO JULGADO. OCORRÊNCIA. *PRESTAÇÃO DE SERVIÇOS ADVOCATÍCIOS. INAPLICABILIDADE DO CÓDIGO DE DEFESA DO CONSUMIDOR.* MULTA CONTRATUAL. ADMISSIBILIDADE. ONEROSIDADE EXCESSIVA EM DESACORDO COM A LEI E A JURIS-PRUDÊNCIA. REDUÇÃO PARA 20% (VINTE POR CENTO) SOBRE O VALOR DA EXECUÇÃO FINAL – MODIFICAÇÃO DO JULGADO. CABIMENTO. EX-CEPCIONALIDADE CONFIGURADA – EMBARGOS ACOLHIDOS. DECISÃO UNÂNIME. (TJ/PE, 6ª Câmara Cível, Embargos de Declaração, Acórdão nº 191836-3/02, rel. Des. Eduardo Augusto Paura Peres, julgado em 11.5.2000, decisão unânime)

## Tribunal de Justiça de Goiás

DUPLO APELO EM PROCEDIMENTO SUMÁRIO. AGRAVO RETIDO. *AÇÃO DE ARBITRAMENTO DE HONORÁRIOS.* CERCEAMENTO DE DEFESA. INO-CORRÊNCIA. LITISPENDÊNCIA NÃO CONFIGURADA. CONFISSÃO FICTA AFASTADA. *CONTRATO DE PRESTAÇÃO DE SERVICOS ADVOCATÍCIOS. INAPLICA-BILIDADE DO CÓDIGO DE DEFESA DO CONSUMIDOR. OBRIGAÇÃO DE MEIO.* RESCISÃO. FIXAÇÃO DOS HONORÁRIOS. (...) 3 – Conforme entendimento predo-minante na doutrina e jurisprudência, *aos contratos de prestação de serviços advocatícios não se aplica o Código de Defesa do Consumidor; 4 - A relação jurídica estabelecida entre advogado e cliente traduz-se em obrigação de meio, da qual decorre o dever de atuar com diligência, zelo, mas sem que haja comprometimento em alcançar um resultado determinado; 5 -* Inexistindo expressa previsão no contrato de prestação de serviços advocatícios quanto ao valor devido na hipótese de sua rescisão e desistência da ação, o arbitramento dos honorários considerará a natureza da ação proposta e sua complexidade, a qualidade do trabalho desempenhado, as horas dedicadas, o renome do profissional, bem como o tempo de atuação profissional do causídico (...). (TJ/GO, 3ª Câmara Cível, Proc. nº 200990414930, rel. Des. Floriano Gomes, DJ, 25 mar. 2010, decisão unânime)

## Tribunal de Justiça de São Paulo

Agravo de Instrumento – Ação de Indenização por danos materiais e morais em decorrência de *prestação de serviços advocatícios – Inaplicabilidade do Código de Defesa do Consumidor* – Competência definida pelo art. 94 do CPC – Recurso Provido. (TJ/SP, Agravo de Instrumento nº 990.09.345442-4, 28ª Câmara, rel. Des. Cesar Lacerda, j. em 1º.6.2010, Acórdão registrado sob nº 03021723)

Mandato. *Serviços de advocacia.* Ação Anulatória de contrato de honorários e reconvenção. Parcial procedência de ambas na origem. Apelo da autora. *Relação que não se submete ao CDC.* Honorários advocatícios ajustados em 20% do valor dos imóveis que tocariam à autora pelo trabalho dos réus em inventário. Sentença que os reduz a 6%. Redução com que se conformaram os réus. Orientação em acordo que não desfavoreceu a autora, pessoa instruída, empresária, capaz de tomar decisões livre e conscientemente. Vício de consentimento não evidenciado. Prova que competia à autora (art. 333, I, do CPC). (...) (TJ/SP, 36ª Câmara, Apelação nº 990.09.299641-0 (AcR), rel. Des. Dirceu Cintra, j. em 8.4.2010, Acórdão registrado sob nº 02919927)

Agravo de Instrumento. *Prestação de serviços advocatícios. Inaplicabilidade do Código de Defesa do Consumidor.* Competência territorial. Declinação de ofício. Decisão cessada. Recurso Provido, com observação. 1. *Não se aplicam as normas do Código de Defesa do Consumidor aos contratos de prestação de serviços de advocacia, porque, consoante pacífica jurisprudência do STJ, não existe relação de consumo nos serviços prestados por advogados. (...).* (TJ/SP, 29ª Câmara de Direito Privado, Agravo de Instrumento nº 990.10.197933-0, rel. Reinaldo Caldas, j. em 19.5.2010, Acórdão registrado sob nº 02989570)

Apelação. *Ação de cobrança de honorários advocatícios.* Contrato verbal comprovado. Pactuação de honorários em 10% "ad exitum" dos valores reconhecidos em prol da cliente em ação de separação judicial e separação de corpos. Conversão em separação consensual. Legitimidade do contrato cotalício. *Inaplicabilidade do Código de Defesa do Consumidor às relações contratuais entre clientes e advogados, que são disciplinadas pelo Estatuto da Advocacia – Lei nº 8.906/94.* Percentual de 10% que se mostra razoável e de acordo com os padrões usuais. Incidência do percentual sobre os valores depositados até a data do julgamento do agravo de instrumento que excluiu da base de cálculo as prestações alimentícias vincendas. Apelos principal e adesivo improvidos. (TJ/SP, 29ª Câmara de Direito Privado, Apelação nº 992.09.035525-2, rel. Des. Pereira Caldas, j. em 10.2.2010, Acórdão registrado sob nº 02824871)

Prestação de serviços – *Advocacia* – Ação de rescisão contratual cumulada com pleito indenizatório por danos materiais e morais – Demanda de cliente contra patrono constituído para ajuizar ação de divórcio – Sentença de procedência – Manutenção do julgado – Afastamento das preliminares de cerceamento de defesa, carência de ação e incidência da decadência/prescrição – Necessidade – *Inaplicabilidade, à hipótese, do CDC – Relação contratual regida pela Lei nº 8.906/94 (Estatuto da OAB)* – Autor interdito – Prescrição que não corre em seu desfavor – Vínculo contratual admitido em sede de contestação, onde o réu se limitou a afirmar que prestou "outros serviços" ao autor – Recibos firmados pelo requerido que também evidenciam a existência do contrato – Ação de divórcio que jamais foi ajuizada ao longo de três anos – Conduta do profissional que gerou prejuízos morais ao cliente – Indenização devida – Valor arbitrado de maneira módica e justa, observado o caráter preventivo da penalização. (TJ/SP, 30ª Câmara de Direito Privado, Apelação nº 992.08.024591-8, Rel. Des. Marcos Ramos, j. em 7.4.2010, Acórdão registrado sob nº 02920432)

Indenização. Danos materiais e morais. *Prestação de serviços profissionais de advocacia. Código do Consumidor – Inaplicabilidade – Resultado desfavorável de ação patrocinada pelos réus. Inocorrência de culpa. Obrigação de meio e não de finalidade.* Recurso Improvido. Sentença de improcedência confirmada. (TJ/SP, 26ª Câmara de Direito Privado, Apelação nº 990.09.371054-4, rel. Des. Andreatta Rizzo, j. em 10.3.2010, Acórdão registrado sob nº 02869865)

## Tribunal de Justiça do Distrito Federal

APELAÇÃO CÍVEL. ARBITRAMENTO DE HONORÁRIOS ADVOCATÍCIOS. COMPROVAÇÃO DE REALIZAÇÃO DO TRABALHO. *CÓDIGO DE DEFESA DO CONSUMIDOR. NÃO APLICAÇÃO.* EXISTÊNCIA

DE CONTRATO ESCRITO. PRETENSÃO DE RECEBER ALÉM DO QUE FOI AJUSTADO. IMPROCEDÊNCIA DO PEDIDO. SENTENÇA MANTIDA. *O Contrato de serviços de advocacia é aquele que prevê a retribuição monetária aos serviços técnicos especializados prestados por profissional devidamente habilitado para apresentar defesa dos interesses do contratante em juízo ou fora dele. Não caracterização de relação de consumo.* Havendo contrato escrito firmado pelas partes estipulando o valor dos honorários devidos ao patrono da parte, incabível o pretendido arbitramento de honorários, inteligência do art. 22, §2º, do Estatuto da Advocacia. (TJ/DF, 2ª Turma Cível, Apelação Cível nº 20060710247366APC, rel. Des. Carmelita Brasil, *DJ*, 22 abr. 2010, unânime)

CAPÍTULO 9

# CONCLUSÕES

Conforme demonstrado, não são poucos os argumentos que apontam para a inaplicabilidade da legislação consumerista à atividade da advocacia, a começar pelo fato desta contar com regramento próprio, onde a responsabilidade profissional recebe tratamento rigoroso.

A relação jurídica estabelecida entre o advogado e o seu cliente é uma *relação de patrocínio*. E patrocinar significa proteger, amparar, auxiliar, dar apoio. O termo, aliás, tem origem no direito romano, onde designava a defesa e proteção dos interesses dos plebeus pelos patrícios.[39] Isso quer dizer que a contratação do advogado não faz supor a existência de uma promessa ao cliente de que seu

---

[39] Ver DINIZ, Maria Helena. *Dicionário jurídico universitário*. São Paulo: Saraiva, 2010; e SILVA. *Vocabulário jurídico*, 1999.

interesse será plenamente satisfeito, mas apenas que o profissional aplicará toda a diligência na defesa do mesmo, desempenhando sua função com zelo e proficiência, sem compromisso com resultados. Não se confunde, pois, com a relação de consumo, onde a satisfação do cliente/consumidor é um pressuposto na aquisição do bem ou contratação do serviço.

Os serviços prestados pelos profissionais da advocacia não são disponibilizados no chamado mercado de consumo. O Estatuto da OAB, aliás, traça normas pormenorizadas e rigorosas, no sentido de controlar a atuação dos advogados, proibindo inclusive a divulgação da atividade em conjunto com qualquer outra de cunho mercantilista.[40] Ademais, limita sobremaneira os meios de que se pode valer para dar publicidade ao seu trabalho.

A contratação de um advogado é sempre *intuito personae*, vale dizer, tem caráter personalíssimo, *baseada na confiança* (fidúcia), característica própria, aliás, da sua condição de profissional liberal. Em geral, a constituição de uma clientela se deve, essencialmente, à confiança conquistada pelo profissional junto ao universo dos próprios clientes que, através de indicações e referências, trazem outros clientes a contratar, mantendo assim a característica de *pessoalidade* na relação.

Mesmo quando contrata uma sociedade de advogados, o cliente não o faz de modo impessoal, até porque legalmente não poderia, já que a pessoa jurídica não está

---

[40] *Vide* art. 1º, §3º, do Estatuto da OAB, e art. 5º, do Código de Ética e Disciplina da OAB.

habilitada a prestar serviços jurídicos. Mesmo aqui, a contratação se efetiva com um determinado advogado, com dois ou mais advogados, ou com todos os advogados integrantes da sociedade, mas, sempre, com esses profissionais, e nunca com a pessoa jurídica que os congrega. Também nesse aspecto, a legislação especial a que está submetido o advogado (Estatuto da OAB) não deixa margem a quaisquer dúvidas, uma vez que estabelece claramente que as procurações devem ser outorgadas individualmente, e os atos que são privativos dos profissionais habilitados para a advocacia.[41]

Não bastasse isto, é de se verificar que os próprios contratos firmados com os profissionais da advocacia não se enquadram na definição própria dos contratos de adesão, vale dizer, aqueles produzidos em larga escala, cujas cláusulas já estão previa e unilateralmente definidas por uma das partes. É de se destacar, neste ponto, que a especial atenção dada pelo regramento consumerista a esse tipo de contrato reside, justamente, na presumida abusividade que ele carrega em si, em especial pelo costume de inserir cláusulas que eximem os fornecedores de responsabilidades. Não é o caso dos contratos de prestação de serviços advocatícios, onde a responsabilidade profissional decorre de disposição expressa de lei (artigos 32 e 33 do Estatuto da OAB). Não se verificam, pois, nas avenças entre advogado e cliente, o dirigismo contratual de que cuida o Código do Consumidor, já que a própria relação

---

[41] *Vide* Estatuto da OAB (Lei nº 8.906/94): art. 1º (atividades privativas da advocacia); e art. 15, §3º (outorga de procurações).

de confiança que as caracterizam na essência, preserva a autonomia da vontade das partes que, de resto, sempre são pessoas maiores e dotadas de capacidade civil para contratar. O que se constata, na prática, e mesmo naquelas situações em que determinado escritório de advocacia tenha um modelo padrão de contrato, é que suas cláusulas são livremente negociadas, especial e principalmente no que se refere ao valor estabelecido a título de honorários.

Por fim, é preciso ressaltar que desde a criação da Ordem dos Advogados do Brasil a advocacia deixou de ser simplesmente uma prestação de serviços decorrente do contrato de mandato, passando a adotar característica de maior relevo social, a ponto de ser incluída na Constituição Federal como "indispensável à administração da justiça" (art. 133). Com isso se atribuiu ao exercício da profissão a qualidade distintiva de *munus publico*, o que, em outras palavras, significa dizer que, embora a atuação do advogado para com seu cliente se opere em função de um interesse privado, ela tem por finalidade a realização da justiça, atendendo, pois, a um interesse público.

De todo o exposto, outra não pode ser a conclusão, senão a de que o Código de Defesa do Consumidor não se coaduna com as normas especiais que regulam o exercício profissional da advocacia (Estatuto da OAB e legislação complementar), tampouco com a essencialidade do advogado, proclamada na Constituição Federal, de modo a inviabilizar sua incidência nas relações estabelecidas entre o causídico e o cliente.

ANEXO

# Íntegra do Voto aprovado pelo Órgão Especial do Conselho Federal da OAB, proferido na Consulta 0001/2004/OEP, em 8 mar. 2004

Ementa: 004/2004/OEP – PRESTAÇÃO DE SERVIÇOS ADVOCATÍCIOS – AÇÃO DE RESPONSABILIDADE CIVIL CONTRA ADVOGADO – INVERSÃO DO ÔNUS DA PROVA – SOCIEDADE DE ADVOGADOS – RESPONSABILIDADE OBJETIVA – IMPOSSIBILIDADE – NÃO INCIDÊNCIA DO RE-GRAMENTO CONSUMERISTA ÀS RELAÇÕES JURÍDICAS ESTABELECIDAS ENTRE ADVOGADO E SEUS CLIENTES. – As normas gerais do Código de Defesa do Consumidor (CDC – Lei nº 8.078/90) não se aplicam a advogados, cuja responsabilidade civil vem regulada por lei especial (art. 32, Lei nº 8.906/94). – A advocacia, por constituir-se em *munus publico*, não é atividade que se insere no mercado de consumo. As características específicas da relação de patrocínio que se estabelece entre advogado e cliente não permitem que a mesma possa ser tratada como relação de consumo, ausentes, ademais, os elementos subjetivos e objetivos imprescindíveis a esta última. – O advogado não é fornecedor, porque no desempenho da profissão exerce uma função social que não se insere, simplesmente, na cadeia produtiva de bens e serviços. – O cliente não é consumidor, porque lhe falta a condição de inferioridade que justificaria a incidência da norma consumista.

– A atividade profissional não é serviço, tal como defendido no CDC, porque não é oferecido à venda, ou disponibilizado no mercado. – Descaracterizada a relação de consumo, inviável a pretensão de fazer incidir o Código Consumista sobre a prestação de serviços advocatícios. – Sociedades de advogados. Vedação expressa para prática de atos de advocacia, privativas de advogados, pessoa física, regularmente inscrita. Finalidade exclusiva de disciplinar questões administrativas e financeiras de advogados reunidos para atuação conjunta. Responsabilidade objetiva, segundo o ordenamento jurídico vigente, não pode ser presumida. Inexistência de regra expressa nesse sentido em relação às sociedades. Impossibilidade, pois, de atribuir-lhes responsabilidade objetiva. (Consulta nº 0001/2004/OEP-SP. Relatora: Conselheira Federal Gisela Gondin Ramos (SC), julgamento: 12.3.2003, por maioria, *DJ*, p. 6639 S1, mar. 2004)

## Consulta 0001/2004/OEP

Assunto: Ação de responsabilização de Advogado. Código de Defesa do Consumidor. Inversão do ônus da Prova. Responsabilidade objetiva de sociedades de advogados.

Consulente: Advogada Silvia Vassilieff Diaferia (OAB/SP 130.646)

Interessado: Conselho Seccional da OAB São Paulo

Relatora: *Conselheira Federal Gisela Gondin Ramos*

## RELATÓRIO

Trata-se de consulta formulada no sentido de obter esclarecimentos da Ordem dos Advogados do Brasil acerca de aspectos destacados da responsabilidade civil do advogado em sua relação com o cliente, questionando, particularmente, duas situações amplamente debatidas na doutrina e com posicionamentos variáveis, quais sejam:

a) Incidência da norma contida no art. 6º, inc. VIII do Código de Defesa do Consumidor, pertinente à **INVERSÃO DO ÔNUS DA PROVA**, em ação de responsabilidade civil movida contra advogado; e

b) Imputação de **RESPONSABILIDADE OBJETIVA** quando se trate de sociedade de advogados.

A consulta foi originalmente dirigida ao Tribunal de Ética e Disciplina da Seccional Paulista (fls. 05), que declinou de sua competência, pelo fato da matéria não versar sobre ética (fls. 05), remetendo os autos à Comissão de Prerrogativas.

Esta, por seu presidente, aceitou o encargo (fls. 03), e designou o ilustre advogado Dr. Valtécio Ferreira (OAB/SP 22.380) para emitir pronunciamento em nome da Instituição.

Às fls. 14/22 consta brilhante parecer do Dr. Valtécio Ferreira, que, brindando-nos com uma verdadeira aula sobre a natureza da advocacia, conclui pela inexistência de relação de consumo entre advogado e cliente, e, por consequência, pela inaplicabilidade das normas consumeristas em ação de responsabilidade civil decorrente do exercício profissional.

O parecer é aprovado pela Comissão de Prerrogativas da Seccional de São Paulo, e, após registros de praxe, remessa de cópia à consulente, e ao *Jornal do Advogado* para publicação (fls. 23 a 25), determinado o arquivamento do processo (fls. 26 e 27) em Julho/1999.

Em Agosto/2002, a então Conselheira Federal Rosana Chiavassa dirige ao Presidente da Seccional São Paulo, o expediente de fls. 37/41, suscitando a ilegitimidade da Comissão de Prerrogativas para se pronunciar oficialmente pela OAB, reclamando a necessidade de submissão do referido parecer ao Conselho Pleno da Seccional. Além disto, defende tese diversa, qual seja a de que "responde o advogado, na qualidade de prestador de serviços pelos prejuízos causados com a ineficácia de sua atividade, inclusive, invertendo-se o ônus da prova para fins de convencimento do Juízo" (*verbis*, fls. 40).

O Presidente da Seccional Paulista despacha às fls. 45 designando relator no Conselho Seccional o Conselheiro Sérgio Tadeu Machado Resende de Carvalho, e por solicitação deste abre vistas dos autos ao Dr. Valtécio Ferreira (fls. 51), que junta nova manifestação às fls. 52/58 ratificando integralmente o parecer anterior.

Nesta mesma manifestação, o Dr. Valtécio, não obstante defenda, a meu ver com absoluta razão, a competência da Comissão de Prerrogativas para emitir pronunciamento acerca da questão, admite que o mesmo deva "ser apresentado ao Conselho Federal, o qual se posicionará ante as duas teses" suscitadas (*verbis*, fls. 57).

Na seqüência, o processo retorna ao relator, mais uma vez à Comissão de Prerrogativas, e segue à Presidência da Seccional que remete o assunto para análise da Comissão do Consumidor (fls. 64 a 66).

Esta, por sua vez, apresenta a manifestação de fls. 73/74 registrando que "a consulta formulada possui inegável repercussão em caráter nacional, posto que suscita matéria pertinente à responsabilidade civil do advogado, disciplinada pelo art. 32 do Estatuto da Advocacia" (verbis, fls. 74), de forma que, concluindo inserir-se a matéria na competência Conselho Federal, opina pela remessa do processo a este órgão.

Com o aval da consulente, assim nos chegou referido processo, devidamente recebido e distribuído a este Órgão Especial, por força da competência que lhe é atribuída no inc. III do art. 85 do Regulamento Geral do EAOAB.

É o relatório.

## VOTO

### Competência da Comissão de Prerrogativas da Seccional

Primeiramente, devo registrar que não tenho dúvidas acerca da competência da Comissão de Prerrogativas da Seccional para emitir parecer a respeito da matéria suscitada pela Consulente, mormente face às atribuições que lhe foram deferidas pelo Regimento Interno da OAB/SP (fls. 59/61).

É que, de acordo com os arts. 45, §2º, e 57 da Lei nº 8.906/94 (EAOAB), o Conselho Seccional exerce e observa, no respectivo território, as competências, vedações e funções atribuídas ao Conselho Federal, entre as quais insere-se velar pela dignidade, independência, prerrogativas, e valorização da advocacia (art. 54, III, EAOAB).

E o art. 109 do Regulamento Geral do Estatuto autoriza o Conselho Seccional a dividir-se em órgãos deliberativos e instituir comissões especializadas para melhor desempenho de suas atividades, admitindo, pois, delegação de competência.

Portanto, a questão, por debater exatamente os limites da responsabilidade civil do advogado, e a forma pela qual esta pode lhe ser exigida, insere-se no conceito de prerrogativa profissional, seja em seu sentido específico, de imunidade estabelecida em razão do ofício que desempenha, seja em seu conceito genérico, de direito atribuído em caráter de exclusividade ao profissional do Direito devidamente registrado na Ordem dos Advogados do Brasil.

Por outro lado, entendo que o assunto reclama, por sua própria relevância, e inquestionável reflexo sobre toda a classe, a manifestação deste Colegiado, a fim de que se defina, de uma vez por todas, o posicionamento oficial da OAB a respeito.

Neste sentido, para que o entendimento constitua-se em orientação dominante da OAB sobre a matéria (art. 86 do RG), necessário se faz que seja analisado e decidido pelo Conselho Federal, em cuja estrutura e funcionamento, definidos pelo Regulamento Geral a teor do que determina o art. 53 do EAOAB, é feita remessa a este Órgão Especial.

Dito isto, passo a ocupar-me com as questões formuladas na consulta, cuja resposta passa, necessariamente, pela verificação acerca da incidência, ou não, das normas estabelecidas no Código de Defesa do Consumidor sobre os contratos de prestação de serviços advocatícios.

## A RELAÇÃO DE CONSUMO como pressuposto de aplicação do Código Consumerista.

Em se tratando da aplicação da Lei nº 8.078/90 a certas relações jurídicas, encontramos, em meio aos inúmeros debates travados pela doutrina nacional, uma regra comum e pacífica, qual seja, a aplicação do Código de Defesa do Consumidor tem como PRESSUPOSTO a existência de uma RELAÇÃO DE CONSUMO.[42]

Em outras palavras, o Código do Consumidor instituiu, como afirmam os chamados consumeristas, um *microssistema jurídico* com uma conjugação de princípios próprios, que, embora capazes de afastar a incidência de determinadas regras do sistema ordinário, quando incompatíveis com a proteção que o Estado instituiu aos interesses econômicos dos consumidores, só estão autorizados a fazê-lo quando existente uma relação de consumo.

Portanto, o cerne da questão é se o vínculo jurídico estabelecido entre o advogado e seu cliente reúne todos os elementos necessários para fins de ser definido, seguramente, como uma relação jurídica de consumo.

Antecipando minhas conclusões, estou na irremovível convicção de que entre advogado e cliente não se estabelece uma relação jurídica de consumo, seja porque a advocacia constitui-se um *munus publico*, disciplinada por lei especial, seja porque, em última análise, não encontramos nela os elementos subjetivos e objetivos capazes de inseri-la no chamado mercado de consumo.

Vejamos.

---

[42] Roberto Senise Lisboa, em sua obra *Responsabilidade civil nas relações de consumo*, diz, textualmente: "Pouco importa qual é o tipo contratual adotado pelas partes. A legislação de defesa do consumidor se aplica por causa da existência da relação de consumo, e não graças à espécie de negócio jurídico celebrado" (LISBOA, 2001, p. 125).

# A função social do Advogado – *munus publico*

Inaplicabilidade do CDC às atividades de Jurisdição e auxiliares

A atividade advocatícia encontra disciplina própria na Lei nº 8.906/94, em cujas disposições se concentram os direitos e deveres do profissional, definindo, ademais, o seu art. 32, o cabimento e os limites de sua responsabilidade sempre que violar as regras de conduta prévia e explicitamente definidas.

E não são poucos os preceitos que limitam a atuação profissional do advogado, valendo lembrar que a sua responsabilidade na relação com o cliente, além de amplamente regulada no Estatuto (Lei nº 8.906/94), encontra-se, também, no Regulamento Geral, e mais especificamente no Código de Ética e Disciplina, que lhe impõem uma série de regras a serem obedecidas.

Isto porque, o exercício da advocacia transcende a mera satisfação de um interesse privado do cliente, para abraçar a efetiva realização da JUSTIÇA, de forma que, o advogado, embora agindo em nome da parte, atua no interesse de toda a sociedade.

Tal condição, aliás, é que determinou a referência que lhe faz a Constituição Federal, cujo art. 133 o qualifica como um profissional *"indispensável à administração da Justiça"*, **no âmbito da qual não se travam relações de consumo!!**[43]

---

[43] REsp nº 213.799/SP, rel. Min. Sálvio de Figueiredo Teixeira, *DJ*, 29 set. 2003, assim ementado, *verbis*:
"*DIREITO DO CONSUMIDOR. PERITO. AUXILIAR DO JUÍZO. ORÇAMENTO DE HONORÁRIOS. ART. 40, CDC. NÃO APLICAÇÃO DO CÓDIGO DE DEFESA DO CONSUMIDOR. PRESTAÇÃO JURISDICIONAL, INEXISTÊNCIA DE RELAÇÃO DE CONSUMO.* PODER DO ESTADO. (...).
I – A atividade do perito nos processos judiciais encontra disciplina específica na qualidade de auxiliar do juízo, nos arts. 139, 145 a 147, 420 a 439, CPC, em cujas disposições se concentram os direitos e deveres do profissional nomeado pelo juiz e os procedimentos de realização da prova pericial.

Com efeito, a impossibilidade de incidência das regras consumeristas na prestação de serviços advocatícios, se destaca ainda mais claramente ao analisarmos a função desempenhada pelo profissional sem desviarmo-nos da verdadeira natureza da advocacia, — que parece estar se tornando uma tendência nos dias de hoje — e de molde a não ignorar um dos elementos básicos e fundamentais de sua configuração, qual seja, **a essencialidade na realização da justiça**, que traduz a função social desempenhada pelo advogado.

Ora, partindo da Constituição Federal, e passando pelas regras estabelecidas no ordenamento jurídico processual, temos que a JURISDIÇÃO, como atividade estatal de realização do direito objetivo e pacificação social não se realiza sem a presença do advogado.

E, para quem pretenda discutir a participação do advogado como um dos protagonistas da função jurisdicional do Estado, vale lembrar a tricotomia proclamada por Cintra, Grinover e Dinamarco, na conceituada obra *Teoria geral do processo*,[44] de que "a jurisdição é, ao mesmo tempo, poder, função e atividade", e estas, "somente transparecem legitimamente através do processo devidamente estruturado (devido processo legal)".

Explicam, ainda, os Autores mencionados, que através da jurisdição, trata-se de garantir que o ordenamento jurídico

---

II – *A figura do perito mostra-se inerente à prestação jurisdicional, no âmbito da qual não se travam relações de consumo.*

III – *A jurisdição não se inclui no mercado de consumo, já que não integra a sucessão de etapas ligadas aos bens, desde sua produção até a utilização final. Pondo-se de outro lado, situa-se a jurisdição entre os serviços públicos próprios do Estado, vale dizer, indelegáveis, inerentes à supremacia do interesse comum e à soberania.*

IV – Diferentemente, o consumo faz parte das relações econômicas, é conceito da Economia protegido pelo Direito, que resguarda os interesses da coletividade ao assumir a acentuada presença da figura do consumidor, bem como sua posição hipossuficiente, na sociedade industrial. (...)".

[44] CINTRA; GRINOVER; DINAMARCO. *Teoria geral do processo*, p. 125.

seja preservado em sua autoridade e a paz e ordem na sociedade favorecidas pela imposição da vontade do Estado, de forma que "o mais elevado interesse que se satisfaz através do exercício da jurisdição é, pois, o interesse da própria sociedade (ou seja, do Estado, enquanto comunidade)".[45]

O mesmo interesse, diga-se, que serve de fundamento a todas as vedações e limitações impostas aos advogados para o desempenho de sua atividade profissional.

Destaque-se, ainda, que outras características da jurisdição são a existência de uma lide e a inércia. E ambas reclamam a presença do advogado, que, conforme ensina José Afonso da Silva, é seu *elemento técnico propulsor*.[46]

O advogado é, portanto, essencial, ao pleno desenvolvimento desta atividade estatal, que, ninguém questiona, pelo menos até agora, desenvolve-se ao largo do chamado mercado de consumo.

De fato, não consigo vislumbrar os cidadãos brasileiros reclamando, com fundamento na norma consumerista, dos serviços prestados pelos magistrados, oficiais de justiça, serventuários, peritos, membros do Ministério Público, etc. E todos sabemos que teriam muito a reclamar.

Ocorre que todos estes profissionais, muito embora atuando com o objetivo de atender às necessidades do cidadão, que procura por Justiça, o fazem não como homens de negócio, mas como homens do Direito. Não visam o lucro, embora todos sejam devidamente remunerados pelo serviço que prestam. Não oferecem seus serviços no mercado de consumo (caracterizado este pelo domínio do crédito e do marketing, como instrumentos básicos para a produção e circulação de bens e serviços),[47] embora

---

[45] CINTRA; GRINOVER; DINAMARCO, *op. cit.*, p. 127.

[46] SILVA, José Afonso da. *Curso de direito constitucional positivo*. Revista dos Tribunais, 1990. p. 504.

[47] Sobre este assunto, assim se manifestou a 3ª Câmara Cível do Tribunal de Alçada do Estado do Paraná, em decisão que excluiu os serviços advocatícios da incidência do CDC:

todos estejam sempre à disposição para atender a todos quantos deles precisarem.

Tal circunstância, entrementes, não quer dizer que tais operadores do Direito não possam ser cobrados e devidamente responsabilizados por sua má atuação. O que ocorre é que, como e quando isto acontece, somente a lei pode dizer, e dentro dos limites que ela própria estabelece, respeitando, ademais, o sistema jurídico ordinário estabelecido.

Na verdade, a própria Constituição Federal, da mesma forma que celebra o advogado como indispensável à administração da Justiça, assegura, dentre os direitos fundamentais dos cidadãos, o direito à indenização por danos materiais e morais, que se aplica, em sua generalidade, a toda e qualquer pessoa que, violando uma regra jurídica, cause prejuízo a outrem.

A questão, por outro lado, como bem destacado pelo Dr. Valtécio Ferreira em seus dois pronunciamentos (fls. 13/22 e 53/58), nos leva à análise sobre o conflito de lei no tempo.

---

*"O mercado de consumo tem um significado unitário, e não abrange, evidentemente, todas as relações econômicas de troca, produção e circulação de bens e serviços. Caso contrário haveria não só uma indesejável imbricação de disciplinas legais para diferentes relações jurídicas, como se daria à legislação relativa a esse mercado uma abrangência ilimitada. Na realidade, esse mercado abarca especificamente as relações jurídicas de uso e consumo de produtos fabricados em massa, bem como serviços a eles atinentes.*

Assim, a lei brasileira, ao definir (art. 2º, *caput*) o consumidor — e não o consumidor e o usuário — conceitua-o como toda pessoa que adquire ou utiliza produto ou serviço', não estabelecendo, pois, uma distinção entre consumidor e usuário. E no art. 3º, §2º, subseqüente, ao definir o fornecedor, a lei limita o conceito de serviço, para efeito da proteção ao consumidor, como 'qualquer atividade fornecida ao mercado de consumo'.

Como observa Comparato (A responsabilidade do produtor em recente anteprojeto de lei no Brasil: comparação com o direito alemão. *Revista de Direito Mercantil, Industrial, Econômico e Financeiro*, n. 63, p. 113, 1986), exclui-se, pois, da categoria de produtor, 'o prestador de serviços não materializados em coisas móveis'."

## Conflito de Leis – Lei Geral e Lei Especial – Inaplicabilidade do CDC face à revogação tácita

Neste sentido, estamos diante de duas leis — CDC e EAOAB —, sendo a primeira, indiscutivelmente, uma LEI GERAL,[48] e a segunda, uma LEI ESPECIAL.[49]

Não creio haver divergência quanto a esta distinção, já que o Código de Defesa do Consumidor se apresenta como uma norma de caráter universal, moldado pela generalidade. E o Estatuto da OAB regula, especificamente, a atividade desenvolvida pelo profissional da advocacia.

Em sendo assim, como bem lembrou o parecerista retro mencionado, "está estampado no artigo 2º, §2º, da Lei de Introdução ao Código Civil que a lei nova, estabelecendo disposições especiais a par das já existentes, não revoga nem modifica a lei anterior. Assim, o Código do Consumidor, na época em que entrou em vigor, não revogou nem modificou a Lei 4.215/63" (verbis, fls. 19).

A conclusão, aqui, é indiscutível, na medida em que "é princípio assente que as leis gerais não devem revogar ou derrogar preceito ou regra disposta e instituída em lei especial, desde que não façam referência a ela, ou ao seu enunciado, alterando-a explícita ou implicitamente".[50] E o CDC não faz qualquer alusão ao Estatuto da OAB (à época, a Lei nº 4.215/63).

O **ATUAL ESTATUTO (Lei nº 8.906/94)**, entretanto, por se tratar de uma **LEI ESPECIAL**, com vigência a partir de 1994,

---

[48] *Leis gerais*: "São as leis comuns, instituídas em caráter universal ou de generalidade. São assim, as normas jurídicas que se aplicam a todas as pessoas ou a todos os casos, uniformemente, sem qualquer distinção ou exceção. Opõem-se às leis especiais" (SILVA. *Vocabulário jurídico*, p. 483).

[49] *Leis especiais*: "São leis que têm caráter restrito, pois são impostas para regular relações de certas pessoas colocadas em determinadas posições ou em razão das funções executadas. São as leis que dispõem sobre casos particulares" (*idem*).

[50] SILVA. *Vocabulário jurídico*, p. 483.

e, portanto, 4 anos após o CDC, por certo que derrogou todas as disposições que, mesmo eventualmente, pretendessem alcançar a advocacia, já que traz norma explícita sobre a responsabilidade civil do advogado.

Concluindo, portanto, quanto a este aspecto, vê-se que, também pela regra geral instituída na Lei de Introdução ao Código Civil, sobre a obrigatoriedade da lei, a Norma Consumerista, por se mostrar incompatível com o regramento estatutário, não tem eficácia no que diz respeito às relações jurídicas estabelecidas entre os advogados e seus clientes.

Não bastasse tudo isto, temos ainda que os próprios princípios que servem de fundamento ao Estatuto da Advocacia são frontalmente contrários àqueles nos quais se inspirou o Código do Consumidor, o que, aliás, além de ser mais uma razão para sustentar a sua revogação, nos leva também à demonstração da inexistência dos requisitos objetivos e subjetivos da relação de consumo, tal como nos referimos alhures, de molde a comprovar a sua inaplicabilidade aos contratos de prestação de serviços advocatícios. E, assim, passamos ao último tópico de nossa análise.

## Inexistência dos elementos caracterizadores de uma relação de consumo

O Código de Defesa do Consumidor não traz uma definição expressa do que seja RELAÇÃO DE CONSUMO, de forma que a sua caracterização há de ser averiguada em cada caso particular pela constatação da presença de seus elementos subjetivos e objetivos, estes sim, expressos no texto legal citado.

Assim, como assente pela absoluta maioria dos doutrinadores, são ELEMENTOS SUBJETIVOS de uma relação de consumo, as partes de cada pólo da relação jurídica, ou seja, o CONSUMIDOR, e o FORNECEDOR. E, como ELEMENTO OBJETIVO, temos o PRODUTO ou SERVIÇO, que traduz-se no objeto desta mesma relação jurídica.

A conclusão, portanto, de se mostrar configurada, ou não, uma relação jurídica de consumo, não pode prescindir da avaliação de cada um destes elementos, no particular, a que fazemos na sequência.

## O Fornecedor

O CDC traz a definição: "É toda a pessoa física ou jurídica, pública ou privada, nacional ou estrangeira, bem como os entes despersonalizados, que desenvolvem atividades de produção, montagem, criação, construção, transformação, importação, exportação, distribuição ou comercialização de produtos ou prestação de serviços" (*verbis*, art. 3º).

Da própria definição legal extrai-se que a ATIVIDADE desempenhada é de fundamental importância para que possamos determinar a figura do fornecedor.

Segundo os Autores do anteprojeto[51] que culminou na Lei nº 8.078/90, "a condição de fornecedor está intimamente ligada à atividade de cada um e desde que coloquem aqueles produtos ou serviços efetivamente no mercado".[52]

E é o próprio Código que diz quais são as atividades que promovem o lançamento de produtos e serviços no mercado de consumo, quais sejam: produção, montagem, criação, construção, transformação, importação, exportação, distribuição ou comercialização.

Roberto Senise Lisboa, em sua obra *Responsabilidade civil nas relações de consumo*,[53] detalha cada uma delas, dizendo que:

---

[51] Ada Pelegrini Grinover, Antonio Herman de Vasconcelos e Benjamin, Daniel Roberto Fink, José Geraldo Brito Filomeno, Kazuo Watanabe, Nelson Nery Junior e Zelmo Denari.

[52] GRINOVER *et al*. *Código brasileiro de defesa do consumidor*: comentado pelos autores do anteprojeto. 4. ed., p. 36.

[53] LISBOA, *op. cit.*, p. 129.

PRODUÇÃO é a elaboração ou realização de produtos e serviços capazes de suprir as necessidades econômicas do homem;

MONTAGEM é a operação de se reunir as peças de um dispositivo, de um mecanismo ou de qualquer objeto complexo, de modo que ele possa funcionar satisfatoriamente ou preencher o fim para o qual se destina;

CRIAÇÃO é a obra, o invento, a instituição ou a formação de um produto ou serviço, para a satisfação dos interesses humanos;

CONSTRUÇÃO é a edificação ou a constituição de um bem;

TRANSFORMAÇÃO é a metamorfose, a operação de modificação do estado de um sistema físico ou orgânico;

IMPORTAÇÃO é a introdução de mercadorias oriundas de território nacional diverso daquele em que o importador se encontra domiciliado;

EXPORTAÇÃO é o transporte de mercadoria para fora do território no qual o exportador se encontra domiciliado;

DISTRIBUIÇÃO é a repartição social da riqueza como fato econômico; e,

COMERCIALIZAÇÃO é a negociação de mercadorias.

Com a devida vênia daqueles que defendem tese contrária, não vejo, absolutamente, como inserir a atividade desenvolvida pelo advogado em nenhum destes conceitos.

O advogado é, antes de tudo, um servidor da Justiça e da Lei. Conforme dito linhas atrás, a pacificação social, escopo maior da própria JURISDIÇÃO, atividade estatal monopolista, depende da atuação do advogado, como decorrência do princípio *NEMO IUDEX SINE ACTORE* (*"Não há juiz sem autor"*).

Não exerce, pois, um trabalho que possa, simplesmente, ser determinado como *atividade produtiva de bens ou serviços*, tal como se destaca facilmente da própria filosofia que norteia a legislação consumerista.

Além do mais, não é o advogado, um mero prestador de serviços, mas desenvolve, conforme já dissemos e é sempre bom repetir, um *MUNUS PUBLICO*. **E, MUNUS, quer dizer ENCARGO**, função.

E, para se compreender perfeitamente o significado e alcance desta expressão, devemos trazer à lembrança lapsos da história da advocacia brasileira, de um período anterior à criação da Ordem dos Advogados do Brasil, em que a profissão era exercida, conforme palavras de Ruy Sodré,[54] com "exagerado individualismo e acentuado amoralismo", como consequência da interpretação, até certo modo distorcida, dada ao art. 72 da Constituição Federal de 1891;[55] época em que, também, não havia uma disciplina para a profissão, tampouco os postulados éticos tal como hoje, e a disciplina dos advogados sujeitava-se, tão somente, à autoridade dos juízes, numa limitada atuação em casos específicos.

A criação da Ordem dos Advogados do Brasil mudou radicalmente este panorama, e o fazendo, conforme noticia Ruy Sodré, "deixava a advocacia de ser profissão exclusivamente privada e exercida com a mais ampla e irrestrita liberdade, para tornar-se regulamentada, selecionada, fiscalizada e disciplinada, funções essas delegadas pelo poder público à própria classe. *Passou a imperar o princípio, até então desprezado, de que o advogado participa da administração da Justiça*, que é serviço público. Desse princípio decorrem não só a subordinação do advogado à disciplina funcional, ao compromisso que presta ao iniciar a profissão, e ao mais importante de todos, ou seja, o de ter acesso, como defensor da parte, no desenrolar do processo judicial".[56]

---

[54] SODRÉ. *Ética profissional e estatuto do advogado*, 4. ed., 1991.

[55] Dizia o artigo: "É garantido o livre exercício de qualquer profissão moral, intelectual e profissional".

[56] *Op. cit.*, p. 282.

*A partir daí, a advocacia deixou de ser simplesmente a prestação de serviços decorrentes do contrato de mandato, para adotar características de maior importância social*, passando o advogado, agora, a assumir sua efetiva responsabilidade funcional. Vinculou-se, portanto, o exercício da profissão, à observância dos princípios éticos que obrigam o advogado a exercer sua função com "zelo, probidade, dedicação e espírito cívico; a aceitar e exercer, com desvelo, os encargos cometidos pela Ordem dos Advogados, pela Assistência Judiciária ou pelos juízes competentes. E aos Conselhos Seccionais da Ordem atribui-se, entre outros, o encargo de velar pelo perfeito desempenho técnico e moral da advocacia e o prestígio e o bom conceito da profissão e dos que a exerçam".[57]

Conquanto, pois, se diga sempre que a advocacia é uma profissão liberal, o termo não significa que seja ela exercida no interesse privado, exclusivamente, porque acima dele está o serviço à Justiça. O advogado é um profissional liberal, no sentido de que "ele trabalha com a sua palavra — oral ou escrita — com seus dons de exposição e de persuasão, com seus conhecimentos jurídicos",[58] e neste aspecto, sua independência é absoluta.

Assim, a atuação do advogado, para o seu cliente, se dá com relação a um interesse privado. Mas esta mesma atuação tem por escopo a realização da Justiça, que é um interesse social. Ou seja, **quando exerce as suas atividades, o advogado atende a um interesse da própria sociedade**, posto que a sua participação e colaboração são fundamentais para que se faça a Justiça por todos buscada. Daí dizer-se que o advogado exerce um *munus publico*.

Creio que não é preciso muito mais para chegar-se à conclusão de que o advogado não se enquadra na definição de fornecedor de serviços. Somos profissionais liberais? Somos. Mas, como alerta o mesmo Ruy Sodré, "não devemos confundir

---

[57] SODRÉ, *op. cit.*, p. 282.
[58] *Idem.*

liberdade com licenciosidade. Somos livres, mas *nossa liberdade está condicionada, limitada pelo serviço público que prestamos, como elemento indispensável à administração da Justiça"*.[59]

Deixo registrada, aqui, a lição de Calamandrei, sobre a efetiva participação do advogado na administração da Justiça, que acentua com primor a função social por ele desempenhada:

> (...) na sempre crescente complicação da vida jurídica moderna, na aspereza dos formalismos processuais, que parecem aos profanos misteriosas trincas, *o advogado é um precioso colaborador do juiz*, porque trabalha em seu lugar, para recolher os materiais do litígio, traduzindo em linguagem técnica as fragmentárias e desligadas afirmações da parte, tirando delas a ossatura do caso jurídico para apresentá-lo ao juiz, em forma clara e precisa e nos moldes processualmente corretos, e daí, graças a esse advogado paciente que, no recolhimento do seu gabinete, desbasta, interpreta, escolhe e ordena os elementos informes proporcionados pelo cliente, o juiz chega a ficar em condições de ver de um golpe, sem perda de tempo, o ponto vital da controvérsia. *O advogado aparece, assim, como um elemento integrante da organização judicial, como um órgão intermediário entre juiz e a parte, no qual o interesse privado de alcançar uma sentença favorável e o interesse público de obter uma sentença justa se encontram e se conciliam. Por isso, sua função é necessária ao Estado, como servidor do Direito (...)*.[60]

Não tenho, pois, a menor dúvida, em excluir o ADVOGADO do conceito de fornecedor de serviços, tal como estabelecido no Código de Defesa do Consumidor, e o faço, não como forma de "resistência"[61] ao regramento consumerista em particular, mas

---

[59] *Idem, op. cit.,* p. 287.

[60] CALAMANDREI. *Demasiados abogados, apud* SODRÉ, *op. cit.,* p. 283.

[61] A manifestação da advogada Rosana Chiavassa, às fls. 39, diz, textualmente: "Convenhamos, *não é convincente a resistência dos prestadores de serviço,* em

antes, como resgate da verdadeira essência da advocacia, e porque incapaz de ver os preceitos éticos que regulam a nossa profissão, como *dispositivos arcaicos*.

## O Consumidor

Conquanto a simples descaracterização do advogado como fornecedor de serviços, por si só, já fosse bastante para afastar por completo a incidência da norma consumerista, vou ainda mais longe, analisando, ademais, as características próprias da figura do CONSUMIDOR, que haveriam de reunir-se, necessariamente, na figura do cliente, para que possamos ter uma relação de consumo.

Mas, também aqui, não vislumbramos a condição de CONSUMIDOR, tal como estabelecida no CDC. Explico.

---

várias frentes da atividade profissional, *quanto a eficácia das regras contidas por aquele diploma, principalmente os advogados.*

Em verdade, no mundo hodierno, onde impera a concorrência, tiveram de articular-se, os profissionais de diferentes setores do conhecimento, no sentido de poder atender um número cada vez maior de clientes, fazendo uso de desenvolvimento tecnológico auferido no meio das comunicações.

O que antes era privilégio de poucos, com a nova ordem econômica passou a ser acessível a todos; e não parece ser dispensável a assessoria jurídica numa fase da vida humana em que existem repercussões das mais variadas no âmbito do Direito.

Todos nós somos suscetíveis a imprevisões de natureza criminal, civil, trabalhista, ou mesmo tributária, daí, porque, ampliou-se de muito o mercado para o exercício da advocacia. (...)

O antigo escritório de advocacia nada tem com o antigo bureau, com suas centenas de profissionais seus vastos quadros de funcionários, além da correspondente rede de aparelhos tecnológicos à disposição dos prestadores e tomadores de serviços. A manutenção de tal infra-estrutura exige seja revista e ampliada a gama de atendimento aos clientes, transformando a essência da relação entre patrono e constituinte. (...)

Ignorar tais eventos e repudiar o Código de defesa do Consumidor equivale a examinar a atividade profissional do Direito levando em conta *dispositivos arcaicos*."

A definição vem no art. 2º: "Consumidor é toda pessoa física ou jurídica que adquire ou utiliza produto ou serviço como destinatário final" (*verbis*).

Os mesmos autores do anteprojeto do CDC, já referidos alhures, esclarecem que "o traço marcante da conceituação de 'consumidor', (sic) está na perspectiva que se deve adotar, ou seja, no sentido de se o considerar como hipossuficiente ou vulnerável, não sendo, aliás, por acaso, que o mencionado 'movimento consumerista' apareceu ao mesmo tempo que o sindicalista, principalmente a partir da segunda metade do século XIX em que se reivindicam melhores condições de trabalho e melhoria da qualidade de vida, e, pois, em plena sintonia com o binômio 'poder aquisitivo/aquisição de mais e melhores bens e serviços'".[62]

Não creio que seja necessário adentrar, pormenorizadamente, nos conceitos e variações dos termos hipossuficiência e/ou vulnerabilidade, que, de modo geral, todos já sabemos o que significa.

Assim, apenas com base neste entendimento geral e supérfluo de ambas as expressões, podemos dizer, e acreditamos que nisto não teremos divergências, que ambas as características são, de fato e de direito, os alicerces nos quais se fundiu o regramento protecionista em questão.

Em outras palavras, exemplificando com a hipótese de um cidadão que contrata o serviço de edificação de sua residência com uma empresa construtora, temos que o desequilíbrio verificado nesta relação jurídica entre as duas partes decorre, basicamente: do *poder* da segunda, que emerge do fato de dominar o crédito, explorar eficiente e eficazmente as técnicas indutivas de marketing, e com isso, mas não só, poder determinar as regras contratuais de forma unilateral ou impositiva, de um lado. E, de outro, da *impossibilidade ou dificuldade do contratante, em acessar à Justiça* para defender-se, ou minimizar seus prejuízos. Estes os aspectos

---

[62] *Op. cit.*, p. 26, 27.

que marcaram o nascimento e desenvolvimento do Direito do Consumidor, já que o mercado, em si mesmo, não apresentava mecanismos capazes de superar a vulnerabilidade de uma das partes, fenômeno ao qual, certamente, o Direito não poderia ficar alheio.[63]

Só que esta situação de vulnerabilidade, ou hipossuficiência, não se verifica com aquele que contrata os serviços do advogado, uma vez que este profissional, ao contrário daqueles que exploram atividades no mercado de consumo, está, literalmente, amarrado a uma infinidade de regras que restringem e impõem limites inarredáveis à sua atuação, desde o oferecimento dos serviços, passando pela forma de contratar, até chegar ao desempenho do próprio ofício advocatício em si.

A par disto, o cliente é amplamente protegido pelo próprio Estatuto da Advocacia, seu Regulamento Geral, ainda mais especificamente, pelo Código de Ética e Disciplina da classe e, em última análise, pela própria Instituição (OAB), que lhe disponibiliza mecanismos próprios, *com eficácia e eficiência atestadas por sua própria história*, a eliminar, por completo, qualquer possibilidade de se vislumbrar, naquele que contrata o advogado, a inferioridade que justificaria a aplicação da norma consumerista.

Segura, estou, portanto, em afastar, também aqui, a possibilidade de incidência da lei de proteção ao consumidor, até porque, como dito, a política estabelecida por tal legislação, visa, especificamente, coibir e reprimir os abusos praticados no mercado de consumo contra a parte presumidamente inferiorizada na relação jurídica, e tal circunstância não se verifica na **RELAÇÃO DE PATROCÍNIO** estabelecida entre cliente e advogado, valendo lembrar que à advocacia é expressamente proibida a utilização de técnicas indutivas que levem o cliente à contratar um profissional.

---

[63] Ada Pelegrini Grinover e outros, autores do anteprojeto, em seus comentários ao CDC, *op. cit.*, p. 6.

## Os serviços

Os elementos objetivos de uma relação de consumo, conforme já dito alhures, são: o produto, e o serviço.

E o legislador consumerista, sem dúvida, estabeleceu a noção de produto vinculada a um BEM; e a noção de serviço, à ATIVIDADE, como critério distintivo básico, e com escopo fundamental de inviabilizar a incidência do Código do Consumidor sobre relações jurídicas que, embora possam ter como objeto uma atividade humana, não estariam incluídas dentre aquelas que sustentam todo o sistema normativo estabelecido, posto que não inseridas num mercado de consumo, visto este como o palco de circulação de riquezas (vide nota 6).

Tal circunstância me parece bastante clara, por exemplo, quando os próprios autores do anteprojeto do CDC, citando o magistério de Philip Kotler, registram que *"SERVIÇOS podem ser considerados como atividades, benefícios ou satisfações que são oferecidos à venda"*.[64] (*verbis*, destacamos).

*Data venia*, não consigo ver na advocacia tais características, porque tal implicaria em negar todos os princípios éticos que norteiam a nossa atividade profissional, e os fundamentos sobre os quais foi gerado o Estatuto da Advocacia e da OAB.

É que o advogado, por expressa vedação do Estatuto, não pode colocar seus serviços à venda. Por prestar, em seu ministério privado, um serviço público, e exercer uma função social, conforme art. 2º do Estatuto, lhe é proibido o "oferecimento de serviços profissionais que impliquem, direta ou indiretamente, inculcação ou captação de clientela" (*verbis*, art. 7º, Código de Ética).

O exercício da advocacia, diz textualmente o art. 5º do Código Deontológico, "*é incompatível com qualquer procedimento de mercantilização*" (*verbis*), sendo-lhe vedado, até mesmo, "a divulgação da advocacia em conjunto com outra atividade" (art. 1º, §3º, EAOAB).

---

[64]  *Op. cit.*, p. 39.

Tais vedações, a par de inúmeras outras registradas em nosso regramento profissional, não tenho dúvidas, retiram da advocacia, mesmo que se trate de uma atividade remunerada, aquela característica de serviço posto à venda, ou disponibilizado no mercado, indispensável para que se possa inseri-la no conceito de relação de consumo, inobstante a redação genérica trazida pelo Código do Consumidor.

E, neste aspecto, recordo a lição de Carlos Maximiliano, de que interpretar uma norma vai muito além de simplesmente esclarecer os seus termos, mas significa, antes, *"revelar o sentido apropriado para a vida real, e conducente a uma decisão reta"*,[65] de forma a não esquecermos que a lei formal é apenas uma parte de um sistema jurídico onde convivem os princípios gerais do Direito, os postulados do direito natural, o sentimento de justiça, e a exigência de equidade, todos vivenciados e sentidos pela sociedade na qual habitamos,[66] cabendo ao intérprete, portanto, fazer a adequação da norma ao sistema onde a mesma está inserida.

Assim, por não se enquadrar, a atividade desempenhada pelo advogado, na definição de serviço, tal como apresentada no Código de Defesa do Consumidor, tenho como ausente, também, o elemento objetivo necessário à relação de consumo, que, conforme já demonstrado linhas atrás, não se caracteriza no caso dos serviços advocatícios.

Destarte, socorrendo-me da lição do Min. Humberto Gomes de Barros, de que *"O DIREITO É A ARTE DO JUSTO E DO RAZOÁVEL"*,[67] não me parece razoável admitir a qualidade de fornecedor de serviços ao profissional da advocacia, impingindo-lhe

---

[65] MAXIMILIANO, Carlos. *Hermenêutica e aplicação do direito.* 19. ed. Rio de Janeiro: Forense, 2003.

[66] AGUIAR JÚNIOR, Ruy Rosado de. Interpretação. *Ajuris*, v. 16, n. 45, p. 7-20, mar. 1989; ALLEMAR. *Tutela estatal e relação jurídica de consumo*, p. 27, nota 16.

[67] Ementa do REsp nº 98.142.

todos os ônus daí decorrentes, quando este profissional já suporta todos os ônus que lhe são impostos pelo regramento específico de sua atividade. Configuraria, a meu ver, uma enorme INJUSTIÇA. E, sendo injusto, tenho que tese defendida neste sentido não pode ser agasalhada pelo Direito.

Analisados, portanto, cada um dos elementos necessários à configuração de uma relação de consumo, não tenho dúvidas, repito, em concluir, que a mesma se mostra ausente da relação jurídica estabelecida entre o advogado e seu cliente.

Dito isto, pode-se, então, passar a responder aos questionamentos formulados na presente consulta.

## Inversão do ônus probatório. Impossibilidade.

Assim, quanto à regra prevista no art. 6º, inc. VIII do CDC, que possibilita a inversão do ônus probatório, tenho como inaplicável em ações de responsabilização movidas contra advogado, com base na relação de patrocínio estabelecida entre este e o seu cliente.

Neste aspecto, aliás, peço vênia para adotar o pronunciamento do ilustre parecerista Dr. Valtécio Ferreira, *verbis*:

> Observo, ademais, que, no caso, a conduta correta, sem culpa, sem dolo ou a demonstração da inexistência de lide temerária, são por sua vez, fatos extintivos, impeditivos ou modificativos do direito do autor e, portanto, à luz da bipartição do ônus da prova, devem ser provados pelo advogado, quando do momento próprio, em benefício de sua defesa.
>
> Conseqüentemente, seja qual o ângulo observado, a inversão do ônus da prova é instituto inaplicável na ação de responsabilidade civil do advogado por ter agido com culpa, dolo ou praticado lide temerária, quando do exercício profissional e em razão deste.
>
> Não se invoque, outrossim, analogia, por ser dessemelhante a responsabilidade civil enfocada no artigo 14 do Código do

Consumidor com a do Estatuto da Advocacia (artigo 32), máxime quando a lei consumerista prevê a ocorrência de culpa, na responsabilidade civil do profissional liberal.

Não há, pois, embasamento jurídico para inverter ônus da prova, em tal classe de ações. (*verbis*, fls. 21/22, destes autos)

Dito isto, me parece que o assunto foi esgotado, e responde, neste tópico, à consulta formulada.

## Sociedades de Advogados. Responsabilidade Objetiva. Impossibilidade.

Quanto ao segundo questionamento: "se em uma mesma ação as sociedades de advocacia constituídas como empresa responderão objetivamente" (*verbis*, fls. 07), concluo negativamente.

E o faço, antes de mais nada, no sentido de preservar a norma estabelecida pelo Estatuto da Advocacia, de que as sociedades de advogados NÃO SÃO EMPRESAS constituídas para exercer a advocacia, já que esta é uma atividade PRIVATIVA do advogado.

Há, portanto, conforme registra o ilustre advogado Alfredo de Assis Gonçalves Neto, em sua obra *Sociedades de Advogados*, "uma impossibilidade material de a sociedade exercer a advocacia, privativa dos inscritos na OAB (art. 3º, do Estatuto), eis que, para tanto, teria de preencher as exigências de inscrição (art. 8º do Estatuto), inatendíveis por pessoa jurídica. A sociedade existe para apoiar a atividade conjunta de advogados, gerir suas contas e facilitar-lhes o trabalho".[68]

Oportuno citar, aqui, o regramento instituído pelo Provimento 92/2000 acerca das Sociedades de Advogados, que, já em

---

[68] GONÇALVES NETO. *Sociedades de Advogados*, p. 16

seu art. 2º, veda a adoção de qualquer das espécies de sociedade mercantil, e traz com minúcias todos os elementos que devem conter os contratos sociais. O art. 4º estabelece que "as sociedades de advogados, no exercício de suas atividades, somente podem praticar os atos indispensáveis às suas finalidades, assim compreendidos, dentre outros, os de sua administração regular, a celebração de contratos em geral para representação, consultoria, assessoria e defesa de clientes *por intermédio de advogado* de seus quadros" (*verbis*).

O Estatuto, pois, afastou de pronto qualquer possibilidade de adoção do modelo empresarial para as sociedades de advogados, e, ao mesmo tempo em que permite a constituição destas, cuida de prevenir a responsabilidade individual de cada um dos seus integrantes no desenvolvimento de suas atividades profissionais, vinculando-os, e à própria sociedade, por seus representantes, aos preceitos do Código de Ética e Disciplina, tudo lastreado na constante preocupação em evitar a mercantilização da advocacia. [69]

---

[69] Mais comentários constam em obra de minha autoria: *Estatuto da advocacia*: comentários e jurisprudência selecionada (OAB/SC). E, especificamente sobre a Natureza Jurídica da sociedade de advogados, transcreve-se: "Explicando a natureza jurídica das sociedades de advogados, Paulo Luiz Neto Lobo explica que o Estatuto definiu-a como 'sociedade civil exclusivamente de pessoas e de finalidade profissionais', destacando, entrementes, que apresenta características *sui generis*, inconfundíveis, portanto, com as demais sociedades civis reguladas pelo nosso ordenamento jurídico. Ruy de Azevedo Sodré a elas se refere como 'sociedades civis de trabalho', cuja finalidade volta-se 'à disciplina do expediente e dos resultados patrimoniais auferidos na prestação dos serviços de advocacia'. *Nisto o ponto básico, a diferenciar a sociedade de advogados das demais sociedades civis de prestação de serviços, já que o que lhe justifica a criação é exatamente a necessidade de disciplinar as questões administrativas e financeiras dos profissionais envolvidos, de molde a propiciar-lhes maiores facilidades no exercício de suas atividades, livrando-os de determinadas tarefas burocráticas, como também facilitando-lhes a manutenção financeira de seus escritórios".*

Ademais, tenho como viciada, por força da aplicação da regra estabelecida no inc. II do art. 295 do Código de Processo Civil, uma ação de responsabilidade civil que indique, no polo passivo, uma sociedade de advogados, face ao disposto no §3º do art. 15, da Lei nº 8.906/94, segundo o qual as procurações devem ser outorgadas individualmente aos advogados.

Registro, entrementes, recente decisão proferida pelo Superior Tribunal de Justiça (STJ), publicada no *Diário da Justiça* de 13 out. 2003, afastando a incidência da legislação consumerista sobre contratos de prestação de serviços advocatícios, assim ementada:

> PROCESSO CIVIL. (...) PRESTAÇÃO DE SERVIÇOS ADVO-CATÍCIOS. INAPLICABILIDADE DO CÓDIGO DE DEFESA DO CONSUMIDOR. (...)
>
> Não há relação de consumo nos serviços prestados por advogados, seja por incidência de norma específica, no caso a Lei nº 8.906/94, seja por não ser atividade fornecida no mercado de consumo.
>
> As prerrogativas e obrigações impostas aos advogados — como, *v.g.*, a necessidade de manter sua independência em qualquer circunstância e a vedação à captação de causas ou à utilização de agenciador (arts. 31, §1º, e 34/ III e IV, da Lei nº 8.906/94) — evidenciam natureza incompatível com a atividade de consumo. (RESP nº 532.377-RJ, rel. Min. César Asfor Rocha, unânime).

E, finalizo, com o trecho destacado do voto do relator, no processo acima, que resume tudo quanto defendemos até aqui, *verbis*:

> (...) ainda que o exercício da nobre profissão de advogado possa importar, eventualmente e em certo aspecto, espécie do gênero prestação de serviço, é ele regido por norma especial, que regula a relação entre cliente e advogado, além de dispor sobre os respectivos honorários, afastando a incidência da norma geral.

Com tais considerações, tenho como respondida a consulta formulada, submetendo este meu entendimento à apreciação do Plenário.

Brasília, em 8 de março de 2004.

**Gisela Gondin Ramos**
Conselheira Federal

# ÍNDICE DE ASSUNTO

página

## A

Advocacia ......................18, 20, 21, 28, 38, 53, 55, 71, 73, 74, 92
- Brasileira ......................................37
- Prestação de serviços ..............29, 31, 51, 72
- Técnicas indutivas (proibição)...................................44

Advogado ............................15, 18, 21-23, 36, 37, 39, 40, 44, 47, 53, 60, 73, 85, 93
- Ações de responsabilização .... 49
- Atuação profissional ...............20, 22, 24, 36
- Contratação .........................72, 73
- Contratos ............................73, 74
- Função social..................... 19-25, 39, 45, 83, 84
- Responsabilidade funcional....38
- Serviço público .........................45

página

Atividade ..............................34, 44
Autor ............................................49

## C

CDC *ver* Código de Defesa do Consumidor

Cliente ......................18, 39, 41, 43, 44, 47, 49, 50, 60, 72, 73, 77, 78

Código de Defesa do Consumidor (CDC)...........................15, 17, 21, 23, 24, 27-30, 33, 34, 36, 40-44, 46, 49, 57-69, 73, 74, 77-79, 81-83, 85, 87-89, 93-99, 102

Código de Ética e Disciplina ....20, 43, 55, 72, 83, 96, 101

Código Deontológico ...........45, 97

Código do Consumidor *ver* Código de Defesa do Consumidor

|  | página |
|---|---|

Comercialização.................35, 90

Comissão de Prerrogativas...79, 80

Conselho Federal (OAB)...........16, 28, 40, 47, 51, 54, 77-103

Conselho Seccional.....................81

Constituição Federal (Brasil)....21, 22, 24, 37, 74, 83, 84, 86, 91

Construção.............................35, 90

Consumidor.................. 33, 41-44, 50, 77, 88, 94-96

Criação....................................35, 90

Culpa ..............................30, 50, 51

**D**

Distribuição ...........................35, 90

**E**

Estatuto da Advocacia (OAB)......................16, 24, 30, 31, 43, 45, 52, 53, 68, 70, 72, 73, 80, 88, 96, 97, 100

Exportação ............................35, 90

**F**

Fornecedor................. 33-41, 88, 89

**H**

Hipossuficiência..............42, 43, 50

Honorários advocatícios.....21, 29, 58-60, 63, 66-70, 74, 83, 102

|  | página |
|---|---|

**I**

Importação.............................35, 90

Indenização............................24, 29

Interesse

- Privado.................................38, 39

- Público ......................................74

**J**

Jurisdição .............22, 23, 36, 84, 90

Justiça ...............................39, 74, 83

**L**

Leis

- Conflito .......................... 27-31, 87

- Especiais ........................ 27-29, 87

- Gerais ....................................27, 87

**M**

Mercado de consumo................23, 34, 43, 44, 72, 77

Montagem........................34, 35, 90

*Munus publico* .......................18, 19, 37, 39, 64, 74, 77, 82, 83, 91, 92

**N**

Norma consumerista...........23, 29, 41, 44, 85, 88, 94, 96

**O**

OAB *ver* Ordem dos Advogados do Brasil

ÍNDICE DE ASSUNTO | 107

página

Ônus probatório..........................47
-Inversão ................... 49-52, 79, 99
Ordem dos Advogados do
  Brasil (OAB)...................16,28, 29,
           37, 40, 43, 47, 51, 53,
  74, 77-79, 81, 87, 91, 96, 97, 100

**P**
Princípio
- Igualdade....................................50
- *nemo index sine actore* ..........36, 90
Produção....................34, 35, 89, 90
Produto............................33, 44, 88
Profissionais liberais............30, 39,
                                51, 72

**R**
Relação de consumo............17, 18,
           21, 31, 33, 45-47,
           62, 79, 82
- Elemento objetivo.........33, 44, 88
- Elemento subjetivo.............33, 88
- Inexistência de elementos
  caracterizadores ............ 33-47, 88
Relação de patrocínio................44,
           49, 71, 77, 96, 99
Relações advogado-cliente.......60,
           62, 71, 79
- Pessoalidade..............................72

página

Responsabilidade civil ..............15,
           16, 28, 55, 78, 81, 88
- Objetiva....................30, 47, 50, 79
- Subjetiva........................30, 50, 51
Réu.................................................49

**S**
Serviços ................ 33, 44-47, 88, 97
Sociedade de advogados .... 53-55,
           72, 78, 79, 100
- Natureza jurídica.......................55
Superior Tribunal de Justiça.....15,
           57, 60, 102
Supremo Tribunal Federal.........18

**T**
Transformação.......................35,90
Tribunal de Ética e Disciplina
  da Seccional Paulista ................79
Tribunal de Justiça
- Distrito Federal...................69, 70
- Minas Gerais ...................... 62-65
- Pernambuco ........................65, 66
- São Paulo ................. 29, 36, 67-69

**V**
Verossimilhança..........................50
Vulnerabilidade.................... 42-44

# ÍNDICE DA LEGISLAÇÃO E JURISPRUDÊNCIA

## A

Acórdão nº 191836-3/02 ..............66

Agravo de Instrumento Cível
nº 0327746-1/2000......................65

Agravo de Instrumento
nº 785.300/RS ............................61

Agravo de Instrumento
nº 829.406/PR............................61

Agravo de Instrumento
nº 990.09.345442-4 .........29, 30, 67

Agravo de Instrumento
nº 990.10.197933-0 ....................68

Agravo de Instrumento
nº 1.278.708-GO........................61

Agravo de Instrumento
nº 1.0133.06.031420-9/001.........63

Agravo
nº 1.0024.06.077100-3/001.........64

Agravo Regimental em Agravo
de Instrumento
nº 1.263.401/RS ..........................51

Agravo Regimental no Agravo
de Instrumento
nº 815.998/BA............................59

Agravo Regimental no Recurso
Extraordinário
nº 424.048- 3/SC.........................18

AI nº 491.195-AgR/SC ...............18

Apelação Cível
nº 134959-7/88...........................62

Apelação Cível
nº 990.10.092893-7 .....................36

Apelação Cível
nº 1.0024.03.985985- 5/002........64

Apelação Cível
nº 1.0024.04.338228-2/001.........65

Apelação Cível
nº 1.0024.05.642867-5/002.........63

Apelação Cível
nº 20060710247366APC............70

Apelação com Revisão
nº 695.241-0/0.............................29

| página | |
|---|---|

Apelação nº 990.09.299641-0......67

Apelação nº 990.09.371054-4......69

Apelação nº 992.05.063487-8......31

Apelação nº 992.08.024591-8......69

Apelação nº 992.09.035525-2......68

**C**

Código Civil de 1916...................30

Código Civil de 2002...................30

Código de Processo Civil..........55, 102

Consulta nº 0001/2004-OEP......40, 51, 77-103

**L**

Lei nº 4.215/63 (EAOAB)............27, 28, 87

Lei nº 8.078/90 (Código de Defesa do Consumidor)..........15, 17, 27, 34, 50, 77, 82

Lei nº 8.906/94 (Estatuto da Advocacia)..........................16, 20, 24, 27-29, 55, 57, 58, 63, 64, 68, 69, 73, 77, 81, 83, 87, 102

**M**

Mandado de Segurança nº 23.576/DF................................20

Medida Cautelar nº 14.595/SP.................................60

**P**

Processo nº 200990414930..........67

Provimento 92/2000............54, 100

Provimento nº 112/2006..............54

**R**

Recurso Especial nº 532.377/RJ.......................57, 102

Recurso Especial nº 539.077-MS.............................58

Recurso Especial nº 678.165/RS..............................61

Recurso Especial nº 757.867/RS..............................59

Recurso Especial nº 914.105/ GO............................59

Recurso Especial nº 1.021.261/RS...........................50

Regimento Interno da OAB/SP...................................81

REsp nº 98.142.......................46, 98

REsp nº 213.799/SP ...............21, 83

# ÍNDICE ONOMÁSTICO

página

**A**
Andrighi, Nancy .................... 50, 60

**B**
Barros, Humberto Gomes de ... 46, 59, 98
Benjamin, Antonio Herman de Vasconcelos e ....................... 34, 89
Brant, Fernando Caldeira .......... 64
Bráulio, Fernando ...................... 65

**C**
Calamandrei, Piero ............... 39, 93
Caldas, Pereira ........................... 68
Caldas, Reinaldo ......................... 68
Carvalho, Tadeu Machado Resende de .................................... 80
Chiavassa, Rosana .......... 40, 79, 93
Cintra, Antonio Carlos de Araújo .................................... 22, 84
Cintra, Dirceu .............................. 67
Comparato, Fábio Konder ......... 24
Côrtes, José Affonso da Costa ... 65

**D**
Denari, Zelmo ....................... 34, 89

página

Diaferia, Silvia Vassilieff ........... 78
Dinamarco, Candido R. ....... 22, 84

**F**
Ferreira, Valtécio ................. 28, 51, 79, 80, 86, 99
Filomeno, José Geraldo Brito ...................................... 34, 89
Fink, Daniel Roberto ............ 34, 89

**G**
Giustina, Vasco Della ........... 51, 61
Gomes, Floriano .......................... 67
Gonçalves, Fernando ........... 59, 61
Gonçalves Neto, Alfredo de Assis ............................. 53, 100
Grinover, Ada Pellegrine .... 22, 34, 43, 84, 89, 96

**K**
Kotler, Philip .......................... 44, 97

**L**
Lacerda, Cesar ................. 29, 30, 67
Lacerda, Nilo .............................. 64
Lisboa, Roberto Senise ............. 17, 35, 82, 89
Lobo, Paulo Luiz Neto ....... 55, 101

|  | página |
|---|---|

**M**
Maia, Cláudia .............................63
Marques Filho, Gilberto.............62
Maximiliano, Carlos.............46, 98

**N**
Nery Junior, Nelson..............34, 89

**P**
Passarinho Junior, Aldir.......58, 61
Peres, Eduardo Augusto
    Paura............................................66
Pertence, Sepúlveda ...................18
Pinto, Tiago...................................63

**R**
Ramos, Gisela Gondin ...............78
Ramos, Marcos.............................69

|  | página |
|---|---|

Rizzo, Andreatta ...................36, 69
Rocha, César Asfor .............58, 102

**S**
Silva, José Afonso da ............23, 85
Sodré, Ruy de Azevedo.............37,
                          39, 55, 91, 92, 101
Stoco, Rui .....................................30

**T**
Teixeira, Sálvio de
    Figueiredo............................21, 83

**V**
Vidal, Júlio .................................29

**W**
Watanabe, Kazuo .................34, 89

---

Esta obra foi composta em fonte Palatino Linotype, corpo 10
e impressa em papel Offset 75g (miolo) e Supremo 250g (capa)
pela Paulinelli Servicos Gráficos Ltda.
Belo Horizonte/MG, março de 2012.